伟大变革

中央党校（国家行政学院）中共党史教研部
———— 组织编写 ————

程连升 ———— 著

湖南人民出版社 · 长沙

本作品中文简体版权由湖南人民出版社所有。
未经许可，不得翻印。

图书在版编目（CIP）数据

伟大变革 / 程连升著. --长沙：湖南人民出版社，2024.1
ISBN 978-7-5561-2919-5

Ⅰ.①伟… Ⅱ.①程… Ⅲ.①社会主义建设成就—中国 Ⅳ.①D619

中国国家版本馆CIP数据核字（2023）第182334号

伟大变革
WEIDA BIANGE

著　　者：程连升
出版统筹：黎晓慧　陈　实
监　　制：傅钦伟
产品经理：潘　凯
责任编辑：潘　凯　曾诗玉
责任校对：夏丽芬
装帧设计：谢俊平
图解设计：速溶综合研究所

出版发行：湖南人民出版社［http://www.hnppp.com］
地　　址：长沙市营盘东路3号　邮　编：410005　电　话：0731-82683346
印　　刷：长沙超峰印刷有限公司
版　　次：2024年1月第1版　　　　　　　　　印　　次：2024年1月第1次印刷
开　　本：710 mm × 1000 mm　1/16　　　　字　　数：200千字
印　　张：19　　　　　　　　　　　　　　　插　　页：6
书　　号：ISBN 978-7-5561-2919-5
定　　价：79.80元

营销电话：0731-82683348（如发现印装质量问题请与出版社调换）

目　录

序　言　　　　　　　　　　　　　　　　　　　　　　　1

第一章
党的十八大召开和实现中国梦的构想　　　　　　　001

一、党的十八大胜利召开　　　　　　　　　　　　　004
二、明确提出实现民族复兴的中国梦　　　　　　　　008
三、新时代的严峻挑战　　　　　　　　　　　　　　012
四、实现中国梦的战略谋划　　　　　　　　　　　　016
五、明确习近平总书记在党中央和全党的核心地位　　023

第二章
党的十九大擘画新时代伟大征程　　　　　　　　　029

一、宣示中国特色社会主义进入新时代　　　　　　　032
二、实现党的指导思想又一次与时俱进　　　　　　　038
三、确定了新征程的新战略和新要求　　　　　　　　043

第三章
统筹推进"五位一体"总体布局   **047**

一、经济转向高质量发展取得重大成就   050
二、社会主义民主政治建设全面推进   065
三、思想文化建设取得重大进展   074
四、社会建设有了长足进步   081
五、生态文明建设成效显著   086

第四章
全面深化改革取得重大突破   **093**

一、提出全面深化改革的路线图和时间表   096
二、形成深化改革强有力的保障机制   100
三、重点领域和关键环节改革取得突破性进展   106
四、深化改革开辟"中国之治"新境界   121
五、全面深化改革的经验启示   127

第五章
全面依法治国取得重大进展   **131**

一、加强依法治国的顶层设计和系统布局   134

二、中国特色社会主义法律体系不断健全　　　　　　　　139

三、法治政府建设深入推进　　　　　　　　　　　　　　145

四、司法改革和公正司法书写新篇章　　　　　　　　　　148

五、全民守法迈上新台阶　　　　　　　　　　　　　　　151

六、形成全面依法治国的根本遵循　　　　　　　　　　　155

第六章
全面从严治党取得巨大成果　　　　　　　　　　　　　161

一、以八项规定推进党风廉政建设　　　　　　　　　　　164

二、坚持思想建党和制度治党同向发力　　　　　　　　　170

三、夺取反腐败斗争压倒性胜利　　　　　　　　　　　　179

四、围绕"两个维护"加强党的政治建设　　　　　　　　186

第七章
全面建成小康社会如期实现　　　　　　　　　　　　　193

一、全面建成小康社会的目标与部署　　　　　　　　　　196

二、历史性地消除了绝对贫困　　　　　　　　　　　　　203

三、积极扩大中等收入群体　　　　　　　　　　　　　　210

四、大力解决群众急难愁盼问题　　　　　　　　　　　　215

五、在中华大地上全面建成小康社会　　　　　　　　　　221

3

第八章
国家治理体系和治理能力现代化水平明显提高   **229**

一、推进国家治理体系现代化的行动纲领   232
二、加强党的全面领导取得巨大成效   240
三、实现国家组织机构和管理体制的整体性重构   247
四、形成符合中国国情的全过程人民民主   252
五、在应对各种风险挑战中发挥出治理效能   257

第九章
开启全面建设社会主义现代化国家新征程   **267**

一、开启全面建设现代化国家新征程   270
二、协力推动构建人类命运共同体   277
三、心系"国之大者"走向共同富裕   280
四、从百年奋斗历程中汲取智慧和力量   286

结 语
以中国式现代化全面推进中华民族伟大复兴   **290**

序 言

2012年11月召开的中国共产党第十八次全国代表大会，是在我国进入全面建成小康社会决定性阶段召开的一次十分重要的大会。大会重申了"两个一百年"的奋斗目标，即在中国共产党成立一百年时全面建成小康社会，在中华人民共和国成立一百年时建成富强民主文明和谐的社会主义现代化国家。大会提出了夺取中国特色社会主义新胜利的基本要求，确定了全面建成小康社会和全面深化改革开放的目标任务，对新的时代条件下推进中国特色社会主义事业作出了全面部署，提出了全面提高党的建设科学化水平的明确要求。大会顺利完成了中共中央领导集体的新老交替，选举习近平同志为十八届中央委员会总书记、中央军事委员会主席。

党的十八大以来，中国特色社会主义进入新时代。党面临的主要任务是，实现第一个百年奋斗目标，开启实现第二个百年奋斗目标新征程，朝着实现中华民族伟大复兴的宏伟目标继续前进。以习近平同志为核心的党中央统筹把握中华民族伟大复兴战略全局和世界百年未有之大变局，强调中国特色社会主义新时代是承前启后、继往开来、在新的历史条件下继续夺取中国特色社会主义伟大胜利的时代，是决胜全面建成小康社会、进而全面建设社会主义现代化强国的时代，是全国各族人民团结奋斗、不断创造美好生活、逐步实现全体人民共同富裕的时代，是全体中华儿女勠力同心、奋力实现中华民族伟大复兴中国梦的时代，是我国日益走近世界舞台中央、不断为人类作出更大贡献的时代。

十年来，以习近平同志为主要代表的中国共产党人，坚持把马克思主义基本原理同中国具体实际相结合、同中华优秀传统文化相结合，坚持毛泽东思想、邓小平理论、"三个代表"重要思想、科学发展观，深刻总结并充分运用党成立以来的历史经验，从新的实际出发，创立了习近平新时代中国特色社会主义思想，大大深化了对共产党执政规律、社会主义建设规律、人类社会发展规律的认识，实现了党的指导思想的与时俱进。

十年来，习近平同志对关系新时代党和国家事业发展的一系列重大理论和实践问题进行了深邃思考和科学判断，就新时代坚持和发展什么样的中国特色社会主义、怎样坚持和发展中国特色社会主义，建设什么样的社会主义现代化强国、怎样建设社会主义现代化强国，建设什么样的长期执政的马克思主义政党、怎样建设长期执政的马克思主义政党等重大时代课题，提出一系列原创性的治国理政新理念新思想新战略，是习近平新时代中国特色社会主义思想的主要创立者。习近平新时代中国特色社会主义思想是当代中国马克思主义、二十一世纪马克思主义，是中华文化和中国精神的时代精华，实现了马克思主义中国化时代化新的飞跃。党确立习近平同志党中央的核心、全党的核心地位，确立习近平新时代中国特色社会主义思想的指导地位，反映了全党全军全国各族人民共同心愿，对新时代党和国家事业发展、对推进中华民族伟大复兴历史进程具有决定性意义。

十年来，以习近平同志为核心的党中央，以伟大的历史主动精神、巨大的政治勇气、强烈的责任担当，统筹国内国际两个大局，贯彻党的基本理论、基本路线、基本方略，统揽伟大斗争、伟大工程、伟大事业、伟大梦想，坚持稳中求进工作总基调，出台一系列重大方针政策，推出一系列重大举措，推进一系列重大工作，战胜一系列重大风险挑战，解决了许多长期想解决而没有解决的难题，办成了许多过去想办而没有办成的大事，推动党和国家事业取得历史性成就、发生历史性变革。经过全党全军全国各族人民砥砺前行，胜利完成第一个百年奋斗目标，全面建成了小康社会，彰显了中国特色社会主义的强大生机活力，党心军心民心空前凝聚振奋，为实现中华民族伟大复兴提供了更为完善的制度保证、更为坚实的物质基础、更为主动的精神力量、更为坚强的领导核心。

新时代十年的伟大变革，在党史、新中国史、改革开放史、社会主义发展史、中华民族发展史上具有里程碑意义。回望党的十八大以来的十年，中国共产党无疑向历史、向人民交出了一份优异的答卷，中华民族迎来了从站起来、富起来到强起来的伟大飞跃。现在，中国共产党团结带领中国人民又踏上了实现第二个百年奋斗目标新的赶考之路。当下的中国人民，正在全面建设社会主义现代化国家的新征程上勇毅前行，实现中华民族伟大复兴进入了不可逆转的历史进程。

第一章

☆ ☆ ★ ☆ ☆

党的十八大召开和实现中国梦的构想

实现中华民族伟大复兴,是一场接力跑。在党的长期奋斗历程中,以毛泽东、邓小平、江泽民、胡锦涛同志为主要代表的中国共产党人,团结带领全党全国各族人民推动革命、建设、改革取得了重大成就、积累了宝贵经验。党的十八大承前启后、继往开来,以习近平同志为主要代表的当代中国共产党人团结带领中国人民,统筹推进"五位一体"总体布局,协调推进"四个全面"战略布局,引领民族复兴航船越过急流险滩,穿过惊涛骇浪,跨越关键一程,驶向不可逆转的广阔天地。

党的十八大召开和实现中国梦的构想

一、党的十八大胜利召开

1. 贯穿始终的主线是坚持和发展中国特色社会主义
2. 确立了科学发展观的历史地位
3. 提出了全面建成小康社会的战略目标
4. 顺利产生了以习近平同志为总书记的新一届中央领导集体

二、明确提出实现民族复兴的中国梦

1. 实现中华民族伟大复兴，就是中华民族近代以来最伟大的梦想
2. 中国梦的本质是国家富强、民族振兴、人民幸福
3. 实现中国梦必须走中国道路，必须弘扬中国精神，必须凝聚中国力量

三、新时代的严峻挑战

1. 改革开放和社会主义现代化建设取得的伟大成就，给当代中国带来了历史性巨变
2. 从国际上看，全球经济大调整和世界格局大变局中，中国发展面临的外部环境日渐复杂化
3. 从国内来看，深层次问题集聚，中国改革发展遇到了重大阻力，进入了深水区和攻坚期

四、实现中国梦的战略谋划

1. 统筹推进"五位一体"总体布局
2. 协调推进"四个全面"战略布局
3. "四个全面"是推进"五位一体"总体布局的重点工程

五、明确习近平总书记在党中央和全党的核心地位

1. 推进新时代中国特色社会主义事业的必然要求
2. 无产阶级政党的使命任务和自身建设规律所决定
3. 党的历史表明必须形成坚强的领导核心
4. 党的十八大以来治国理政新实践打拼出领导核心
5. 确立习近平总书记的核心地位反映了时代呼唤、历史选择、民心所向

一、党的十八大胜利召开

2012年11月8日至14日,中国共产党第十八次全国代表大会在北京召开。这是我们党在全面建成小康社会决定性阶段和深化改革转变发展的攻坚时期召开的一次十分重要的大会。大会开幕式上,胡锦涛代表十七届中央委员会向大会作题为《坚定不移沿着中国特色社会主义道路前进 为全面建成小康社会而奋斗》的报告。这次大会的主题是:高举中国特色社会主义伟大旗帜,以邓小平理论、"三个代表"重要思想、科学发展观为指导,解放思想,改革开放,凝聚力量,攻坚克难,坚定不移沿着中国特色社会主义道路前进,为全面建成小康社会而奋斗。

大会贯穿始终的主线是坚持和发展中国特色社会主义。大会强调,中国特色社会主义道路、中国特色社会主义理论体系、中国特色社会主义制度，是党和人民九十多年奋斗、创造、积累的根本成就，必须倍加珍惜、始终坚持、不断发展。建设中国特色社会主义，总依据是社会主义初级阶段，总布局是社会主义经济建设、政治建设、文化建设、社会建设、生态文明建设"五位一体"，总任务是实现社会主义现代化和中华民族伟大复兴。大会指出，只要我们胸怀理想、坚定信念，不动摇、不懈怠、不折腾，顽强奋斗、艰苦奋斗、不懈奋斗，就一定能在中国共产党成立一百年时全面建成小康社会，就一定能在新中国成立一百年时建成富强民主和谐的社会主义现代化国家。

大会确立了科学发展观的历史地位。党的十六大以来，我们勇于推进实践基础上的理论创新，围绕坚持和发展中国特色社会主义提出一系列紧密相连、相互贯通的新思想、新观点、新论断，形成了坚持"以人为本"、强调"全面、协调、可持续"的科学发展观。十年间，我国经济社会发展所取得的一系列新的历史性成就，以无可辩驳的事实证明了科学发展观的先进性、科学性与正确性。为此，党的十八大报告指出："科学发展观是马克思主义同当代中国实际和时代特征相结合的产物，是马克思主义关于发展的世界观和方法论的集中体现，对新形势下实现什么样的发展、怎样发展等重大问题作出了新的科学回答，把我们对中国特色社会主义规律的认识提高到新的水平，开辟了当代中国马克思主义发展新境界。科学发展观是中国特色社会主义理论体系最新成果，是中国共产党集体智慧的结晶，是指导党和国家全部工作的强大思想武器。"①大会通过了关于《中国共产党章程（修正案）》的决议，一致同意在党章中把科学发展观同马克思列宁主义、毛泽东思想、邓小平理论、"三个代表"重要思想一道确立为党的行动指南。明确将科学发展观确立为党的指导思想，对科学发展观有了新定位，对科学发展观的评价达到新高度，这是党的十八大作出的重要决策和历史性贡献。

大会提出了全面建成小康社会的战略目标。大会指出：党的十六大以来的十年间，我们紧紧抓住和用好我国发展的重要战略机遇期，强调坚持以人为本、全面协调可持续发展，奋力把中国特色社会主义推进到新的发展阶段，我国经济总量从世界第六位跃升到第二位，社会生产力、经济实力、科技实力迈上一个大台阶，人民生活水平、居民收入水平、社会保障水平迈上一个大台阶，综合国力、国际竞争力、国际影响力迈上一个大台阶，国家面貌发生新的历史性变化，使得中华民族伟大复兴展现出了光明前景。大会在对社会主义经济、政治、文化、社会和生态文明建设作出重大部署的基础上，明确提出到2020年实现全面建成小康社会的奋

---

① 《中国共产党第十八次全国代表大会文件汇编》，人民出版社2012年版，第7页。

斗目标：经济持续健康发展，人民民主不断扩大，文化软实力显著增强，人民生活水平全面提高，资源节约型、环境友好型社会建设取得重大进展。大会强调，全面建成小康社会，必须以更大的政治勇气和智慧，不失时机深化重要领域改革，坚决破除一切妨碍科学发展的思想观念和体制机制弊端，构建系统完备、科学规范、运行有效的制度体系，使各方面制度更加成熟更加定型。全面建成小康社会和全面深化改革开放目标任务的提出，确定了未来一段时期中国社会经济发展的宏伟蓝图。

大会产生了以习近平同志为总书记的新一届中央领导集体。大会选举产生了十八届中央委员会和中央纪律检查委员会。党的十八届一中全会选举习近平、李克强、张德江、俞正声、刘云山、王岐山、张高丽为中央政治局常委，习近平为中央委员会总书记；决定习近平为中央军事委员会主席；批准王岐山为中央纪律检查委员会书记。大会选举产生坚强有力的中央领导集体，顺利实现了中央领导集体的新老交替，体现了全党意志和各族人民的心愿，为担当新使命提供了坚强的组织保证。习近平同志在十八届一中全会上指出，历史的接力棒传到了我们手里，我们一定不负重托，忠于党、忠于祖国、忠于人民，以自己的最大智慧、力量和心血，作出无愧于历史、无愧于时代、无愧于人民的业绩。2012年11月15日，在十八届中央政治局常委与中外记者见面会上，习近平同志代表新一届中央领导集体庄严承诺："人民对美好生活的向往，就是我们的奋斗目标。""我们一定要始终与人民心心相印、与人民同甘共苦、与人民团结奋斗，夙夜在公，勤勉工作，努力向历史、向人民交出一份合格的答卷。"

二、明确提出实现民族复兴的中国梦

在几千年的历史发展中，中华民族创造了悠久灿烂的中华文明，为人类作出了卓越贡献，成为世界上伟大的民族。但是，1840年鸦片战争以后，由于西方列强的入侵，由于封建统治的腐败，中国逐步成为半殖民地半封建社会，山河破碎，生灵涂炭，中华民族遭受了前所未有的劫难。从那时起，实现中华民族伟大复兴，就成为中国人民和中华民族最伟大的梦想。为了拯救民族危亡，中国人民奋起反抗，仁人志士奔走呐喊，以百折不挠的精神，进行了一场场气壮山河的斗争，但纷纷以失败告终。

1921年7月，在中华民族内忧外患、社会危机空前深重的背景下，在中国人民和中华民族的伟大觉醒中，在马克思列宁主义同中国工人运动的紧密结合中，中国共产党诞生了。中国产生了共产党，这是开天辟地的大事变，深刻改变了近代以后中华民族发展的方向和进程，深刻改变了中国人民和中华民族的前途和命运，深刻改变了世界发展的趋势和格局。中国共产党一经诞生，就把为中国人民谋幸福、为中华民族谋复兴确立为自己的初心使命。在此后一百年波澜壮阔的历史进程中，中国共产党紧紧依靠人民，跨过一道又一道沟坎，取得一个又一个胜利，为中华民族走向复兴作出了卓越贡献。

这个伟大历史贡献，体现在一代代共产党人的接续奋斗中。首先，我们党团结带领中国人民进行二十八年浴血奋战，推翻帝国主义、封建主义、官僚资本主义三座大山，完成新民主主义革命，建立了人民当家作主的中华人民共和国。这一伟大历史贡献的意义在于，彻底结束了旧中国半殖民地半封建社会的历史，彻底结束了旧中国一盘散沙的局面，彻底废除了列强强加给中国的不平等条约和帝国主义在中国的一切特权，实现了中国从几千年封建专制政治向人民民主的伟大飞跃，为实现中华民族伟大复兴创造了根本社会条件。其次，我们党团结带领中国人民完成社会主义革命，确立社会主义基本制度，消灭一切剥削制度，推进了社会主义建设。这一伟大历史贡献的意义在于，实现了中华民族有史以来最为广泛而深刻的社会变革，为当代中国一切发展进步奠定了根本政治前提和制度基础，为中国发展富强、中国人民生活富裕奠定了坚实基础，实现了中华民族由不断衰落到根本扭转命运、持续走向繁荣富强的伟大飞跃。再次，我们党团结带领中国人民进行改革开放新的伟大革命，极大激发广大人民群众的创造性，极大解放和发展社会生产力，极大增强社会发展活力，人民生活显著改善，综合国力显著增强，国际地位显著提高。这一伟大历史贡献的意义在于，开辑了中国特色社会主义道路，形成了中国特色社会主义理论体系，确立了中国特色社会主义制度，使中国赶上了时代，中国这个世界上最大的发展中国家在短短三十多年里摆脱贫困并跃升为世界第二大经济体，创造了人类社会发展史上惊天动地的发展奇迹，使中华民族焕发出新的蓬勃生机。正因如此，党的十八大报告指出："此时此刻，我们有一个共同的感觉：经过九十多年艰苦奋斗，我们党团结带领全国各族人民，把贫穷落后的旧中国变成日益走向繁荣富强的新中国，中华民族伟大复兴展现出光明前景。我们对党和人民创造的历史伟业倍加自豪，对党和人民确立的理想信念倍加坚定，对党肩负的历史使命倍加清醒。"[1]

党领导人民的伟大实践是接续奋斗的历史过程，救国、兴国、富国、强国是实现中华民族伟大复兴的完整事业。如果说党在新民主主义革命时期的奋斗是为了救国，在社会主义革命和社会主义建设时期的奋斗是为了兴国，在改革开放和社会主义现代化建设新时期的奋斗是为了富国，那么党的十八大以后，中华民族站在了实现强起来新的历史起点上。一代人有一代人的长征路，一代人有一代人的使命担当。中国特色社会主义进入新时代，新一代共产党人的奋斗目标就是强国，通过建设强国实现中华民族的伟大复兴。2012年11月29日，当新

---

[1]《中国共产党第十八次全国代表大会文件汇编》，人民出版社2012年版，第1—2页。

一届中央政治局常委成员来到国家博物馆参观《复兴之路》展览时，习近平总书记首次提出和阐述了"中国梦"。他说："现在，大家都在讨论中国梦，我以为，实现中华民族伟大复兴，就是中华民族近代以来最伟大的梦想。这个梦想，凝聚了几代中国人的夙愿，体现了中华民族和中国人民的整体利益，是每一个中华儿女的共同期盼。"实现中华民族伟大复兴是一项光荣而艰巨的事业，需要一代又一代中国人共同为之努力，"我们这一代共产党人一定要承前启后、继往开来，把我们的党建设好，团结全体中华儿女把我们国家建设好，把我们民族发展好，继续朝着中华民族伟大复兴的目标奋勇前进"。[1]

2013年3月，在十二届全国人大一次会议上当选为中华人民共和国主席和中华人民共和国中央军事委员会主席的习近平，进一步阐明了中国梦的本质内涵。他指出，实现中华民族伟大复兴的中国梦，就是要实现国家富强、民族振兴、人民幸福。中国梦归根到底是人民的梦，必须紧紧依靠人民来实现。国家富强，就是要全面建成小康社会，并在此基础上建设富强民

---

[1] 《习近平谈治国理政》第1卷，外文出版社2014年版，第36页。

主文明和谐美丽的社会主义现代化国家；民族振兴，就是要使中华民族更加坚强有力地自立于世界民族之林，为人类作出新的更大贡献；人民幸福，就是要坚持以人民为中心，增强人民福祉，促进人的全面发展，朝着共同富裕方向稳步前进。习近平同志强调，实现中国梦必须走中国道路，实现中国梦必须弘扬中国精神，实现中国梦必须凝聚中国力量。从这时起，"中国梦"就成为全党全社会乃至全世界高度关注的一个重要思想概念。

实现中华民族伟大复兴的中国梦，是以习近平同志为核心的党中央对全体中国人民的庄严承诺，是党和国家面向未来的政治宣言，充分体现了中国共产党高度的历史担当和使命追求。中国梦把国家的追求、民族的向往、人民的期盼融为一体，体现了中华民族和中国人民的整体利益，表达了中华儿女的共同愿景，成为激励中国人民努力奋进的高昂旋律，成为中华民族团结奋斗的最大公约数和最大同心圆。

三、新时代的严峻挑战

经过新中国六十多年艰苦奋斗，特别是改革开放三十多年快速发展，不仅为实现中华民族伟大复兴奠定了根本政治前提和制度基础，而且为实现中华民族伟大复兴提供了充满新的活力的体制保证和继续发展的物质条件。我们在一穷二白的基础上创造了经济社会快速发展的奇迹，用几十年时间走完了发达国家几百年走过的工业化历程，综合国力、经济实力、科技实力、国防实力、国际影响力显著提升。1978年至2012年，中国国内生产总值年均增长9.9%，比同期世界平均增长率快7个百分点，经济总量占世界经济比重从1.8%提高到11.4%，实现了从生产力相对落后到成为世界第二大经济体的历史性突破；人均国民总收入由190美元提高到5680美元，成功实现了从温饱不足的低收入国家向上中等收入国家迈进的历史性飞跃。在超过日本成为世界第二大经济体的2010年，中国工业产值超过美国成为世界第一大制造国，出口超过德国成为世界第一大出口国，成为18世纪工业革命以来继英国、美国、日本之后新的"世界工厂"。改革开放和社会主义现代化建设取得的伟大成就，给当代中国带来了历史性巨变，让中国落后的社会生产发生改变，让人民生活水平总体达到小康，让中华民族大踏步赶上了时代，中华民族迎来了从富起来到强起来的历史机遇。"当前，世情、国情、党情继续发生深刻变化，我们面临的发展机遇和风险挑战前所未有。"[1]党的十八大得出这个充满辩证法的政治判断，无疑成为我们党判断历史方位的客

---

[1]《中国共产党第十八次全国代表大会文件汇编》，人民出版社2012年版，第2页。

观依据。应该说，进入新世纪第二个十年，国际国内形势发生新的深刻复杂变化，使我国发展面对的新风险、新挑战和各种矛盾问题迅速显现出来。

从国际上看，经历金融危机后发达国家经济复苏乏力，民粹主义、保护主义等"逆全球化"思潮抬头，局部冲突和动荡频发，全球性问题不断凸显，地缘政治、重大风险挑战复杂严峻。在全球经济大调整和世界格局大变局中，国际体系渐趋失衡，"东升西降"趋势加剧，大国博弈的竞争色彩加重，世界变得越来越不稳定不确定。经过几年全球经济的恢复和再平衡后，中国的快速崛起成为具有系统重要性的最大变量。所以，当中国经济体量上升到世界第二后，一些西方国家对中国的再度崛起深感焦虑，特别是世界霸主美国的对华战略出现明显调整，"树大招风"的效应开始显现。一方面某些国际舆论以"国家资本主义"标签炒作所谓的"中国威胁论"，另一方面美国提出"转向亚洲"，制定了所谓"亚太再平衡战略"，策划对华的战略遏制、孤立政策，操纵掀起针对中国的东海危机、南海危机。从地缘政治角度看，中国虽然会继续坚持对外开放，坚持和平发展道路，但不得不关注外部环境的复杂化问题。如何在世界大变局中统筹好国际国内两个大局，继续维护好民族复兴的良好势头，这成为十八大后我们面临的新考验。

从国内来看，三十多年改革开放使中国国力增强，但也日渐积累了深层次难题，包括经济下行压力、贫富差距、生态破坏、社会矛盾积聚、干部贪腐成风等。党的十八大对此有着清醒的认识，指出我们前进道路上的困难和问题主要是:"发展中不平衡、不协调、不可持续问题依然突出,科技创新能力不强,产业结构不合理,农业基础依然薄弱,资源环境约束加剧,制约科学发展的体制机制障碍较多,深化改革开放和转变经济发展方式任务艰巨;城乡区域发展差距和居民收入分配差距依然较大;社会矛盾明显增多,教育、就业、社会保障、医疗、住房、生态环境、食品药品安全、安全生产、社会治安、执法司法等关系群众切身利益的问题较多,部分群众生活比较困难;一些领域存在道德失范、诚信缺失现象;一些干部领导科学发展能力不强,一些基层党组织软弱涣散,少数党员干部理想信念动摇、宗旨意识淡薄,形式主义、官僚主义问题突出,奢侈浪费现象严重;一些领域消极腐败现象易发多发,反腐败斗争形势依然严峻。"[1]这些问题的集聚,让中国改革发展遇到了重大阻力,进入了深水区和攻坚期。

正如邓小平同志当年指出的"发展起来以后的问题不比不发展时少",甚至可能更复杂、更棘手。面对外部环境的复杂化和国内矛盾的严峻化,如何避免传统现代化路径带来的贫富

[1]《中国共产党第十八次全国代表大会文件汇编》,人民出版社2012年版,第5页。

分化、环境污染、资源枯竭等弯路，如何突破后发国家现代化过程中的"中等收入陷阱""塔西佗陷阱"等发展困境，如何避免中国崛起与美国遏制之间出现"修昔底德陷阱"，成功走出一条中国特色社会主义的现代化道路，成为十八大后我们党治国理政面临的重大问题。

由此可见，党的十八大承前启后、继往开来，以习近平同志为核心的党中央接过历史接力棒，开启了实现民族复兴的强国梦，但中华民族伟大复兴绝不是轻轻松松、敲锣打鼓就能实现的，新征程上矛盾重重，困难和挑战巨大，必须准备付出更为艰巨、更为艰苦的努力。

四、实现中国梦的战略谋划

实现中华民族伟大复兴的中国梦，必须坚持和发展中国特色社会主义。中国特色社会主义是党和人民历经千辛万苦、付出巨大代价取得的根本成就，是实现中华民族伟大复兴的正确道路。党的十八大后，围绕实现社会主义现代化和中华民族伟大复兴的总任务，围绕坚持和发展中国特色社会主义的总题目，一系列理论创新和实践创新相继展开，中国特色社会主义新时代的大幕徐徐拉开。为了实现中华民族伟大复兴的中国梦，以习近平同志为核心的党中央提出了统筹推进"五位一体"总体布局、协调推进"四个全面"战略布局的全新部署。

对于社会主义现代化事业的总体谋划和总体布局问题，我们党一直有清醒认识和高度自觉，是不断与时俱进的。党的十一届三中全会实现了工作重点的转移后，提出了逐步实现四个现代化，把我国建设成为高度文明、高度民主的社会主义国家的奋斗目标。随着经济社会发展和实践深入，中国特色社会主义事业总体布局经历了从20世纪80年代初物质文明、精神文明"两个文明"一起抓，到80年代末经济、政治、文化建设"三位一体"，再到21世纪初经济、政治、文化、社会建设"四位一体"的历史演进。2012年11月召开的党的十八大，党中央与时俱进、谋篇布局，又把生态文明建设纳入其中，提出了中国特色社会主义"五位一体"总体布局。这个"五位一体"的总布局，明确了经济、政治、文化、社会、生态五个领域建设发展的目标和政策，是党对社会主义建设规律在实践和认识上不断深化的重要成果，为全面推进中国特色社会主义事业指明了方向。我们要按照这个总布局，促进现代化建设各方面协调发展，促进生产关系与生产力、上层建筑与经济基础相协调。

统筹推进"五位一体"总体布局，要求针对实践中面临的突出矛盾和问题，强化问题意识，坚持问题导向，抓住战略重点，实现关键突破。围绕党的十八大提出的全面建成小康社会和全面深化改革开放宏伟目标，以习近平同志为核心的党中央，深入研究全面深化体制改革的顶层设计和总体规划，加强对各项突出问题和改革关联性的研判。2013年11月，党的十八届三中全会专题研究如何深化改革开放的目标任务，作出了《中共中央关于全面深化改革若干重大问题的决定》，提出了一系列重大思想、重大决策和重大部署。强调全面深化改革的总目标是完善和发展中国特色社会主义制度，推进国家治理体系和治理能力现代化；要以经济体制改革为重点，发挥经济体制改革牵引作用；要坚持社会主义市场经济改革方向，使市场在资源配置中起决定性作用和更好发挥政府作用；要以促进社会公平正义、增进人民福祉为出发点和落脚点等。另外，全会还从经济、政治、文化、社会、生态文明、国防和军队、党的建设等方面，具体部署了全面深化改革的主要任务和重大举措。全面深化改革，是改革进程本身向前拓展提出的客观要求，体现了我们党对改革认识的深化和系统化。

2014年10月，我们党召开十八届四中全会专题研讨全面依法治国问题，通过了《中共中央关于全面推进依法治国若干重大问题的决定》。这个决定把建设中国特色社会主义法治体系，建设社会主义法治国家，确定为全面推进依法治国的总目标。强调要在中国共产党领导下，坚持中国特色社会主义制度，贯彻中国特色社会主义法治理论，形成完备的法律规范体系、高效的法治实施体系、严密的法治监督体系、有力的法治保障体系，形成完善的党内法规体系，坚持依法治国、依法执政、依法行政共同推进，坚持法治国家、法治政府、法治社会一体建设，实现科学立法、严格执法、公正司法、全民守法，促进国家治理体系和治理能力现代化。全会提出的这些新观点新思想新举措，表明我们党对社会主义法治建设有了更加系统完整的规划，对治国理政的规律有了更加深入准确的把握。

历史和现实都表明：办好中国的事情，关键在党。中国共产党自成立以来，不管在什么时期，都把党的建设放在突出位置。改革开放以来，我们党狠抓自身建设，取得显著成果，但也产生了一些新问题，面临着一系列新挑战。为此，党的十八大强调要坚持党要管党、从严治党，全面加强党的思想建设、组织建设、作风建设、反腐倡廉建设、制度建设，增强自我净化、自我完善、自我革新、自我提高能力，建设学习型、服务型、创新型的马克思主义执政党，确保党始终成为中国特色社会主义事业的坚强领导核心。[1]党的十八大闭幕不到一个月，新一届中央政治局就制定出台了"八项规定"，发出了正风肃纪、从严治党的强烈信号，并开始以上率下、雷厉风行地贯彻执行。2013年6月，在全党部署开展以为民务实清廉为主要内容的党的群众路线教育实践活动，对"四风"问题即形式主义、官僚主义、享乐主义和奢靡之风进行大排查、大检修、大扫除，取得了明显效果。2014年10月，习近平总书记在党的群众路线教育实践活动总结大会上，首次提出了"全面推进从严治党"并进行了总体部

---

[1]《中国共产党第十八次全国代表大会文件汇编》，人民出版社2012年版，第46页。

署，提出了八个方面的要求，把新形势下从严治党的认识和实践提升到了一个新高度。

2014年12月，习近平总书记在江苏调研时第一次把前述"三个全面"和"全面推进从严治党"联系起来，首次提出了"四个全面"的战略思想，要求"协调推进全面建成小康社会、全面深化改革、全面依法治国、全面从严治党，推动改革开放和社会主义现代化建设迈上新台阶。"[①]2015年2月，在省部级主要领导干部学习贯彻党的十八届四中全会精神全面推进依法治国专题研讨班上，他又将"四个全面"明确定位为"战略布局"，指出"这个战略布局，既有战略目标，也有战略举措，每一个'全面'都具有重大战略意义"[②]。从确切含义来看，全面建成小康社会是战略目标，全面深化改革、全面依法治国、全面从严治党是三大战略举措。全面深化改革、全面依法治国犹如鸟之两翼、车之双轮，为全面建成小康社会提供动力源泉和法治保障，共同推动全面建成小康社会的事业滚滚向前；推进全面从严治党，坚决改变管党治党宽松软状况，党在革命性锻造中更加坚强，为全面建成小康社会提供了坚强政治保证。

[①]《习近平谈治国理政》第2卷，外文出版社2017年版，第22页。

[②]《习近平谈治国理政》第2卷，外文出版社2017年版，第23页。

"四个全面"总体布局前有行动性目标,后有组织保证,中间又有执行路径支撑,"目标—路径—保证"三者有机统一,显示出战略布局顶层设计内在的整体性特征。

明确了"四个全面"的确切含义之后,习近平总书记又在许多重要时机和场合对其形成缘由和重大意义作了进一步阐述。2015年2月,他在同党外人士共迎新春的讲话中指出:"'四个全面'的战略布局是从我国发展现实需要中得出来的,从人民群众的热切期待中得出来的,也是为推动解决我们面临的突出矛盾和问题提出来的。"[①]这"两个得出来"和"一个提出来",深刻阐述了"四个全面"战略布局提出和形成的现实基础和紧迫性、必然性。2015年3月,他在海南会见博鳌亚洲论坛理事会成员的讲话中指出:"四个全面"的战略布局"是中国在新的历史条件下治国理政方略,也是实现中华民族伟大复兴中国梦的重要保障"[②]。这里明确指出"四个全面"不仅是重大战略思想和战略布局,还是新形势下中国的治国理政方略。2015年4月,他在庆祝"五一"国际劳动节

---

① 《习近平谈治国理政》第2卷,外文出版社2017年版,第24页。

② 《习近平谈治国理政》第2卷,外文出版社2017年版,第25页。

大会的讲话中指出:"四个全面"的战略布局,"确立了新形势下党和国家各项工作的战略目标和战略举措,为实现'两个一百年'奋斗目标、实现中华民族伟大复兴的中国梦提供了理论指导和实践指南"①。这是对"四个全面"的指导作用进行的明确定位,即不仅是实现全面建成小康社会战略目标的理论指导和实践指南,也是实现中华民族伟大复兴中国梦的理论指导和实践指南。可见,协调推进"四个全面"战略布局,就是党的十八大后党中央治国理政新的顶层设计。

从逻辑关系看,"五位一体"的总体布局与"四个全面"的战略布局之间,实际是中国特色社会主义事业全局与事业重点的关系。对此,2015年1月,习近平总书记在主持十八届中央政治局集体学习时指出:"我们提出要协调推进全面建成小康社会、全面深化改革、全面依法治国、全面从严治党,这'四个全面'是当前党和国家事业发展中必须解决好的主要矛盾。在推进这'四个全面'过程中,我们既要注重总体谋划,又要注重牵住'牛鼻子'。"②实际上,这里讲的总体谋划就是十八大提出的

---

① 《习近平谈治国理政》第2卷,外文出版社2017年版,第25页。
② 《习近平谈治国理政》第2卷,外文出版社2017年版,第22—23页。

"五位一体"总布局，而"牛鼻子"指的就是"四个全面"。这一阐释深刻指明了"五位一体"与"四个全面"之间的关系，即"四个全面"战略布局既包含在"五位一体"总体布局中，又超越和提升了"五位一体"总体布局，它是"五位一体"中的核心和精髓，是推进"五位一体"总体布局的重点工程。全面建成小康社会是"五位一体"的实现目标，全面深化改革是实现"五位一体"的强大动力，全面依法治国是实现"五位一体"的基本方略，全面从严治党是实现"五位一体"的政治保证。

"四个全面"战略布局的提出，抓住了中国特色社会主义建设"五位一体"总体布局的"牛鼻子"，对推进国家治理体系和治理能力现代化起到了重要作用。而2015年党的十八届五中全会提出创新、协调、绿色、开放、共享的新发展理念，则掀开了关乎中国发展全局的一场深刻变革，为中国式现代化规划了一条新的前进道路。2016年党的十八届六中全会则进一步对全面从严治党作出了新部署，把党的制度建设提高到新水平，开创了维护党中央权威和党中央集中统一领导的新局面。这样，作为新时代党中央治国理政总体顶层设计，"四个全面"战略布局就最终完成了。

五、明确习近平总书记在党中央和全党的核心地位

实现伟大梦想，不仅要有顶层设计和战略遵循，而且还要进行伟大斗争。面对世界百年未有之大变局，面对国内社会主要矛盾的

深刻变化，执政党自身存在着比较严重的思想不纯、政治不纯、组织不纯、作风不纯等问题，说明党面临的"四大考验"是严峻复杂的，面临的"四种危险"是尖锐深刻的，党和国家事业到了一个兴衰成败的重要关口。有效应对重大挑战、抵御重大风险、克服重大阻力、解决重大矛盾，把新时代中国特色社会主义推向前进，要求我们党必须形成一个坚强的领导核心和一个坚强有力的党中央，尽快解决党的领导和党的建设宽松软问题。可以说，树立党中央的权威，确立全党公认的领袖，这是中华民族走向伟大复兴的可靠保证和必然要求。

对马克思主义政党来说，权威和领袖问题至关重要。马克思指出，每一个社会时代都需要有自己的大人物，如果没有这样的人物，它就要把他们创造出来。在总结巴黎公社失败教训时，恩格斯指出"就是由于缺乏集中和权威"。列宁从无产阶级革命和社会主义建设高度，进一步论述了维护党中央权威和革命领袖权威的问题，指出"在历史上，任何一个阶级，如果不推举出自己的善于组织运动和领导运动的政治领袖和先进代表，就不可能取得统治地位"。他还明确提出："造就一批有经验、有极高威望的党的领袖是一件长期的艰难的事情。但是做不到这一点，无产阶级专政、无产阶级的'意志统一'就只能是一句空话。"马克思主义经典作家的这些重要论断，用唯物史观集中阐明了关于领袖、政党、阶级、群众之间的相互关系，即人民群众是历史的创造者，但无产阶级领袖作为先进阶级的政治代表人物，比一般人站得高、看得远，解决历史任务的愿望也比别人强烈,不仅提出的思想能够成为社会变革的先导,而且在革命实践中能起到领导核心的作用。从根本上讲,维护党中央权威和确立党的领袖核心,是由无产阶级政党的使命任务和自身建设规律决定的。

从中国共产党的历史看,在实践中形成党的领导核心和坚强的中央领导集体,不仅是我们党走向成熟的具体表现,而且对党和国家事业发展尤为重要。纵观百年党史,每当紧迫形势、紧要关头,受到严峻考验时,都会形成对"领导核心"的迫切期待、强烈共识,都会有这样的人物应运而生,力挽狂澜。我们党成立之初的一段时间,由于没有形成一个坚强的领导核心,党的事业屡遭挫败。遵义会议事实上确立了毛泽东同志在党中央和红军的领导地位,我们党在政治上逐步成熟,从而团结带领中国人民取得了抗日战争、解放战争的伟大胜利,建立了新中国,继而取得了社会主义改造和建设的伟大成就,使中国共产党的面貌、中国人民的面貌、中华民族的面貌焕然一新。改革开放初期,正是在以邓小平同志为核心的党中央坚强领导下,我们党制定并实施"一个中心、两个基本点"这一极为重要的党在社会主义初级阶段的基本路线,逐步探索出一条中国特色社会主义道路,才使中国特色社会主义伟大事业不断走向深入。所以,邓小平同志深有感触地指出:"任何一个领导集体都要有一个核心,没有核心的领导是靠不住的。"党的十四届四中全会在《中共中央关于加强党的建设几个重大问题的决定》中郑重写道:"党的历史表明,必须有一个在实践中形成的坚强的中央领导集体,在这个领导集体中必须有一个核心。如果没有这样的领导集体和核心，党的事业就不能胜利。"

另一方面，党中央的权威不是天上掉下来的，党的领导核心也不是宣传自封的，而必须是在应对重大风险挑战、解决重大矛盾的砥砺奋进中打拼出来的，其中饱含着敢于担当的历史勇气，伴随着披荆斩棘的实践作为，充满着把舵导航的政治智慧。党的十八大之后，以习近平同志为核心的党中央以巨大的政治勇气和强烈的责任担当，提出一系列新理念新思想新战略，出台一系列重大方针政策，推出一系列重大举措，推进一系列重大工作，解决了许多长期想解决而没有解决的难题，办成了许多过去想办而没有办成的大事，推动党和国家事业取得历史性成就、发生根本性变革，推动中国特色社会主义进入了新时代。从国内治理看，高扬以人民为中心的执政理念，从"四个全面"战略布局切入，统筹推进"五位一体"总体布局，开创了中国特色社会主义伟大事业和党的建设新的伟大工程新局面，推动改革发展稳定、治党治国治军的深刻变革，赢得了全党全军全国各族人民衷心拥护。从国际作为看，深刻把握加强全球治理、推动全球治理体系变革大势，提出正确义利观，推动构建以合作共赢为核心的新型国际关系、打造人类命运共同体，提出并践行我国的全球治理观，倡导共同、综合、合作、可持续的安全观，深入推进"一带一路"建设，积极主动承担国际责任，展现了中国充满自信的负责任大国形象，受到了国际社会的高度赞誉。

在此番守正创新、砥砺奋斗的过程中，作为新任中共中央总书记的习近平同志，发挥举旗定向、力挽狂澜的作用，显示淬火成钢、攻坚克难的毅力，重塑党的肌体灵魂，厚植党的执政根基，健全党的全面领导制度，确立新的发展理念，锻造民族复兴能力，让中国特色社会主义事业焕发出强大生机和活力。正如亨利·基辛格在《世界秩序》一书中写道："以习近平为核心的中国领导层开展了规模浩大的改革运动，其程度可与邓小平的改革相媲美。"新加坡国立大学东亚研究所所长郑永年评论说："我没想到十八大后的中国会发生如此大的转型。……为了改革，权力和制度上进行了大幅度调整，从思路和方法的改变也能看到新政权动了真格。……我认为习近平的目标不仅是做好两个任期，而是在规划下一个三十年中国发展的蓝图。"[①]在习近平总书记指引下，党的领导和经济、政治、文化、社会、生态文明、军事、外事等各领域实现历史性变革、系统性重塑、整体性重构，系统完备、科学规范、运行有效的制度体系日渐成型。

2016年10月，党的十八届六中全会召开。全会高度评价十八大以来全面从严治党取得的成就，认为以习近平总书记为首的党中央身体

[①] 郑永年：《十八大两周年再评价》，《凤凰周刊》2014年第34期。

力行、率先垂范，坚定推进全面从严治党，坚持思想建党和制度治党紧密结合，集中整饬党风，严厉惩治腐败，净化党内政治生态，党内政治生活展现新气象，赢得了党心民心，为开创党和国家事业新局面提供了重要保证。全会一致认为，党的十八大以来，面对复杂的国际国内形势，习近平总书记团结带领全党全军全国各族人民开创了中国特色社会主义伟大事业和党的建设新的伟大工程新局面，在改革发展稳定、内政外交国防、治党治国治军等方面取得了一系列具有重大现实意义和深远历史意义的成就，实现了党和国家事业的继往开来。全会正式提出"以习近平同志为核心的党中央"，明确习近平总书记在新的伟大斗争实践中已经成为党中央的核心、全党的核心，号召全党要紧密团结在以习近平同志为核心的党中央周围，牢固树立政治意识、大局意识、核心意识、看齐意识，坚定不移维护党中央权威和党中央集中统一领导。

　　坚强的领导核心至关重要，这是关乎党和国家前途命运、党和人民事业成败的根本性问题。党中央有核心、全党有核心，党才有力量。确立习近平同志党中央的核心、全党的核心地位，是党的十八大以来最重要的政治成果，反映了时代呼唤、历史选择、民心所向。这对维护党中央权威、维护党的团结和集中统一领导，对全党全军全国各族人民更好凝聚力量、抓住机遇、战胜挑战，对保证党和国家兴旺发达、长治久安，具有十分重大而深远的意义。

第二章

☆ ☆ ★ ☆ ☆

党的十九大
擘画新时代伟大征程

2017年10月18日，举世瞩目的中国共产党第十九次全国代表大会在北京人民大会堂隆重开幕。这次大会是在全面建成小康社会决胜阶段、中国特色社会主义发展关键时期召开的一次十分重要的大会。大会的主题是：不忘初心，牢记使命，高举中国特色社会主义伟大旗帜，决胜全面建成小康社会，夺取新时代中国特色社会主义伟大胜利，为实现中华民族伟大复兴的中国梦不懈奋斗。这次大会回顾总结了党的十八大以来党和国家事业的历史性变革和历史性成就，作出了中国特色社会主义进入了新时代、我国社会主要矛盾发生转化等重大政治判断，深刻阐述了新时代中国共产党的历史使命，确定了新时代的奋斗目标和战略安排，全面部署了推进中国特色社会主义伟大事业和党的建设新的伟大工程。

党的十九大 擘画新时代伟大征程

一、宣示中国特色社会主义进入新时代

1. 科学判断所处历史方位并据此制定路线方针政策，是党长期积累的宝贵经验
2. 这一论断是我们党在科学把握世情国情党情深刻变化的基础上作出的，具有坚实的历史基础和充分的现实依据
3. 这一论断赋予党的历史使命、理论遵循、目标任务新的时代内涵，为深刻把握党的十八大后中国发展变革的新特征、新要求，提供了时代坐标和科学依据
4. 这一论断具有极其重要的指导意义，为国家确定新的发展目标和新的发展战略提供了重要依据

二、实现党的指导思想又一次与时俱进

1. 郑重提出"习近平新时代中国特色社会主义思想"，并将其确定为党必须长期坚持的指导思想写入党章
2. 这一思想是在中国特色社会主义进入新时代、科学社会主义迈向新阶段、当今世界经历大变局、我们党面临新考验的历史条件下形成和发展起来的
3. 这一思想博大精深、内容丰富，涉及改革发展稳定、内政外交国防、治党治国治军等各领域
4. 这一思想是当代中国马克思主义、21世纪马克思主义，是中华文化和中国精神的时代精华，实现了马克思主义中国化新的飞跃

三、确定了新征程的新战略和新要求

1. 明确了决胜全面建成小康社会的时间节点和工作重点
2. 明确了全面建设社会主义现代化国家及其"两步走"战略安排
3. 提出了科学的新部署、新要求以及新的重大发展战略
4. 进一步深化对党的建设规律性认识，提出了新时代党的建设总要求

一、宣示中国特色社会主义进入新时代

为中国人民谋幸福，为中华民族谋复兴，是中国共产党人的初心和使命。党的十八大后，以习近平同志为核心的党中央领导全党接续奋斗，团结带领全国各族人民战胜一系列风险挑战，在治国理政方面取得了辉煌业绩，开辟了中国特色社会主义的新境界。党的十九大从十个方面对过去五年取得的成就进行了全面总结：一是坚定不移贯彻新发展理念，坚决端正发展观念、转变发展方式，有力推动我国发展不断朝着更高质量、更有效率、更加公平、更可持续的方向前进，经济建设取得重大成就；二是坚定不移全面深化改革，压茬推动改革呈现出全面发力、多点突破、纵深推进的崭新局面，重要领域和关键环节改革取得重大突破，制约发展活力和社会活力的状况得到明显改变；三是坚定不移全面推进依法治国，党的领导、

人民当家作主、依法治国有机统一的制度建设全面加强，科学立法、严格执法、公正司法、全民守法深入推进，党运用法律手段领导和治理国家的能力显著增强，社会主义民主法治建设不断发展；四是坚定不移加强党对意识形态工作的领导，马克思主义的指导地位更加鲜明，中国特色社会主义和中国梦深入人心，社会主义核心价值观和中华优秀传统文化广泛弘扬，全党全社会思想上的团结统一得到显著增强；五是深入贯彻以人民为中心的发展思想，脱贫攻坚战取得决定性进展，大批惠民举措落地实施，民生保障体系和社会治理体系更加完善，人民获得感显著增强；六是坚定不移推进生态文明建设，绿色发展理念逐步深入人心，生态文明制度体系加快形成，长期以来忽视生态环境保护、生态环境恶化的状况得到明显改变，推动美丽中国建设取得显著成效；七是坚定不移推进国防和军队现代化，人民军队政治生态得到有效治理，人民军队组织构架和力量体系实现革命性重塑，强军兴军开创新局面；八是全面准确贯彻"一国两制"方针，坚持一个中国原则和"九二共识"，深化内地和港澳地区交流合作，坚决反对和遏制"台独"分裂势力，港澳台工作取得新进展；九是坚定不移推进中国特色大国外交，提出共建"一带一路"倡议，发起创办亚投行和举办各种国际会议，倡导构建人类命运共同体，积极推进全球治理体系变革，全方位、多层次、立体化的外交布局有效形成；十是坚定不移推进全面从严治党，层层落实管党治党政治责任，大力加强党性教育，严厉整治"四风"，铁腕推进反腐败斗争，不断完善党内法规制度体系，管党治党"宽松软"状况有了明显改变，全面从严治党成效卓著。[1]应该说，党的十八大之后五年来的成就是全方位的、开创性的，五年来的变革是深层次的、根本性的。[2]

科学判断所处历史方位并据此制定路线方针政策，是中国共产党长期奋斗积累的宝贵经验。基于以上历史性成就和根本性变革的影响，党的十九大报告明确指出："经过长期努力，中国特色社会主义进入了新时代，这是我国发展新的历史方位。"[3]这是我们党在改革开放初期作出我国长期处于社会主义初级阶段的论断之后，对党和国家身处历史方位得出的又一个重大的政治论断。这一政治论断，是我们党在科学把握世情国情党情深刻变化的基础上作出的，具有坚实的历史基础和充分的现实依据。

首先，这是根据中国现阶段所具备的发展条件而作出的判断。自新中国建立后，经过长期艰苦奋斗，到了21世纪第二个十年，中国已经发展为世界第二大经济体，成为世界经济增长的主要发动机，对全球减贫贡献率超过70%，综合国力达到了中上水平。党的十八大以来，在新中国成立以来特别是改革开放以来

---

[1]《中国共产党第十九次全国代表大会文件汇编》，人民出版社2017年版，第2—7页。

[2]《中国共产党第十九次全国代表大会文件汇编》，人民出版社2017年版，第7页。

[3]《中国共产党第十九次全国代表大会文件汇编》，人民出版社2017年版，第8页。

我国发展取得重大成就的基础上，以习近平同志为核心的党中央提出一系列新理念新思想新战略，出台一系列重大方针政策，取得了前所未有的改革发展成就，"解决了许多长期想解决而没有解决的难题，办成了许多过去想办而没有办成的大事"[①]，推动党和国家事业发生历史性变革。经过几代人的接续奋斗，取得了史无前例的发展成就，中华民族在完成了站起来、实现了富起来之后，又走向了实现强起来的阶段。

其次，这是根据我国社会主要矛盾发生新变化而作出的判断。矛盾是事物发展的源泉和动力，社会主要矛盾状况及其变化是社会发展阶段性划分的重要依据。中国过去几十年的快速发展尤其是过去五年取得的历史性成就，必然产生历史性影响、带来历史性变化，必然促进我国社会主要矛盾的历史性转化。党的十九大提出"我国社会主要矛盾已经转化为人民日益增长的美好生活需要和不平衡不充分的发展之间的矛盾"[②]，这是中国特色社会主义进入新时代的直接依据。社会主要矛盾的变化是关系全局的历史性变化，对党和国家工作提出了许

[①]《中国共产党第十九次全国代表大会文件汇编》，人民出版社2017年版，第7页。

[②]《中国共产党第十九次全国代表大会文件汇编》，人民出版社2017年版，第9页。

多新要求，要在继续推动发展的基础上着力解决好发展不平衡不充分问题，更好满足人民在经济、政治、文化、社会、生态等方面日益增长的需要，更好推动人的全面发展、社会全面进步。

再次，这是根据我国国际环境面临的新变化而作出的判断。跨入新世纪第二个十年，世界经济复苏乏力，局部冲突和动荡频发，全球性问题加剧，大国竞争色彩日益强烈，世界进入大发展大变革大调整时期。在过去相当长一段时期内，中国是经济全球化的积极参与者和国际秩序的被动接受者，中国的国际影响和发挥的作用极其有限，所掌握的国际话语权并不多。经过长期的努力奋斗，中国的综合国力、经济实力、国际影响力有了极大的提升，日益走近了世界舞台的中央，中国对世界的影响从未像今天这样全面、深刻、长远，世界对中国的关注从未像今天这样广泛、深切、聚焦。在外部环境明显变化的形势下，如何清醒判断世界大势，客观认识自身处境和定位国际角色，需要中国共产党作出全方位的新选择。中国成为世界第二大经济体后，中国特色社会主义继续逆势而上，必然决定了中国要成为国际秩序的积极参与者、建设者和引领者，为世界和平与发展作出新的重大贡献。中国已经有必要有能力向世界贡献中国智慧和中国方案，这是中国特色社会主义进入新时代的显著特点。

中国特色社会主义进入新时代这一论断，赋予党的历史使命、理论遵循、目标任务新的时代内涵，为深刻把握党的十八大后中国发展变革的新特征、新要求，提供了时代坐标和科学依据。党的十九大围绕实现中华民族伟大复兴的目标，从五个角度具体阐述了进入新时代的具体表现，即这是承前启后、继往开来、在新的历史条件下继续夺取中国特色社会主义伟大胜利的时代，是决胜全面建成小康社会、进而全面建设社会主义现代化强国的时代，是全国各族人民团结奋斗、不断创造美好生活、逐步实现全体人民共同富裕的时代，是全体中华儿女勠力同心、奋力实现中华民族伟大复兴中国梦的时代，是我国日益走近世界舞台中央、不断为人类作出更大贡献的时代。进入新时代的这一判断，体现了中国特色社会主义的道路自信、理论自信、制度自信、文化自信。意味着近代以来久经磨难的中华民族迎来了从站起来、富起来到强起来的伟大飞跃，迎来了实现中华民族伟大复兴的光明前景；意味着科学社会主义在 21 世纪的中国焕发出强大生机活力，在世界上高高举起了中国特色社会主义伟大旗帜；意味着中国特色社会主义道路、理论、制度、文化不断发展，拓展了发展中国家走向现代化的途径，给世界上那些既希望加快发展又希望保持自身独立性的国家和民族提供了全新选择，为解决人类问题贡献了中国智慧和中国方案。[1]

[1] 《中国共产党第十九次全国代表大会文件汇编》，人民出版社2017年版，第8—9页。

进入新时代的政治昭告，明确了党和国家事业新的历史方位，给人们有力的指引、道义的感召和必胜的信心，必将极大激发中国共产党、中国人民、中华民族的凝聚力向心力，必将极大推动当代中国发展和人类进步事业。进入新时代的政治判断具有极其重要的指导意义，为国家确定新的发展目标和新的发展战略提供了重要依据。

二、实现党的指导思想又一次与时俱进

郑重提出"习近平新时代中国特色社会主义思想"，并将其确定为党必须长期坚持的指导思想写入党章，实现了党的指导思想的与时俱进，这是党的十九大最重大的理论创新、最重要的政治成果、最深远的历史贡献。习近平新时代中国特色社会主义思想，是对马克思列宁主义、毛泽东思想、邓小平理论、"三个代表"重要思想、科学发展观的继承和发展，是马克思主义中国化的最新成果，是党和人民实践经验和集体智慧的结晶，是中国特色社会主义理论体系的重要组成部分，是全党全国人民为实现中华民族伟大复兴而奋斗的行动指南。

时代是思想之母，实践是理论之源。习近平新时代中国特色社会主义思想，是在中国特色社会主义进入新时代、科学社会主义迈向新阶段、当今世界经历大变局、我们党面临新考验的历史条件下形成和发展起来的。党的十八大以来，国内外形势变化和我国各

项事业发展都给我们提出了一个重大时代课题，这就是必须从理论和实践结合上系统回答新时代坚持和发展什么样的中国特色社会主义、怎样坚持和发展中国特色社会主义。

围绕这个重大时代课题，以习近平同志为主要代表的中国共产党人，坚持把马克思主义基本原理同中国具体实际相结合、同中华优秀传统文化相结合，坚持毛泽东思想、邓小平理论、"三个代表"重要思想、科学发展观，深刻总结并充分运用党成立以来的历史经验，紧密结合新的时代条件和实践要求，以全新的视野深化对共产党执政规律、社会主义建设规律、人类社会发展规律的认识，进行艰辛理论探索，取得重大理论创新成果，形成了习近平新时代中国特色社会主义思想。在马克思主义中国化的新探索中，习近平同志对关系新时代党和国家事业发展的一系列重大理论和实践问题进行了深邃思考和科学判断，就新时代坚持和发展什么样的中国特色社会主义、怎样坚持和发展中国特色社会主义，建设什么样的社会主义现代化强国、怎样建设社会主义现代化强国，建设什么样的长期执政的马克思主义政党、怎样建设长期执政的马克思主义政党等重大时代课题，提出一系列原创性的治国理政新理念新思想新战略，是习近平新时代中国特色社会主义思想的主要创立者。

在新理念新思想新战略的指引下，党中央统筹推进"五位一体"的总体布局和协调推进"四个全面"的战略布局，团结带领全党全国各族人民进行具有许多新的历史特点的伟大斗争，推动党和国家事业取得了历史性成就、发生了历史性变革，中华民族迎来了走向强起来的伟大进程。中国社会主义现代化事业大步前行，中国人民的道路自信、理论自信、制度自信、文化自信大大增强，为这一新思想的形成提供了坚实的实践基础。

习近平新时代中国特色社会主义思想，贯通马克思主义哲学、政治经济学、科学社会主义，贯通历史、现实和未来，使我们党对共产党执政规律、社会主义建设规律、人类社会发展规律的认识达到了新高度，为发展马克思主义作出了原创性贡献。这一思想博大精深、内容丰富，涉及改革发展稳定、内政外交国防、治党治国治军等各领域，其主体内容就是党的十九大报告概括的"八个明确"和"十四个坚持"。

"八个明确"，就是明确坚持和发展中国特色社会主义的总任务是实现社会主义现代化和中华民族伟大复兴；明确新时代我国社会主要矛盾是人民日益增长的美好生活需要和不平衡不充分的发展之间的矛盾；明确中国特色社会主义事业总体布局是"五位一体"、战略布局是"四个全面"；明确全面深化改革总目标是完善和发展中国特色社会主义制度、推进国家治理体系和治理能力现代化；明确全面推进依法治国总目标是建设中国特色社会主义法治体系、建设社会主义法治国家；明确党在新时代的强军目标是建设一支听党指挥、能打胜仗、作风优良的人民军队，把人民军队建设成为世界一流军队；明确中国特色大国外交是要推动构建新型国际关系，推动构建人类命运共同体；明确中国特色社会主义最本质的特征是中国共产党领导，中国特色社会主义制度的最大优势是中国共产党领导。[1]这八条是从理论层面进行的高度概括和凝练，集中反映着我们党对科学社会主义在当今时代的理论思考和理论贡献。"十四个坚持"，就是坚持党对一切工作的领导，坚持以人民为中心，坚持全面深化改革，坚持新发展理念，坚持人民当家作主，坚持全面依法治国，坚持社会主义核心价值体系，坚持在发展中保障和改善民生，坚持人与自然和谐共生，坚持总体国家安全观，坚持党对人民军队的绝对领导，坚持"一国两制"和推进祖国统一，坚持推动构建人类命运共同体，坚持全面从严治党。[2]这十四条是从实践层面、方法论方面对治国理政重大方针、原则的最新概括，构成新时代坚持和发展中国特色社会主义的基本方

---

[1]《中国共产党第十九次全国代表大会文件汇编》，人民出版社2017年版，第15—16页。

[2]《中国共产党第十九次全国代表大会文件汇编》，人民出版社2017年版，第16—21页。

略。"八个明确"与"十四个坚持"有机融合、有机统一，凝结着以习近平同志为核心的党中央对中国特色社会主义规律性认识的深化、拓展、升华，是习近平新时代中国特色社会主义思想的"四梁八柱"。

习近平新时代中国特色社会主义思想是当代中国马克思主义、21世纪马克思主义，是中华文化和中国精神的时代精华，实现了马克思主义中国化新的飞跃。如果说毛泽东思想主要是引导中华民族站起来，邓小平理论、"三个代表"重要思想和科学发展观主要是引导中华民族富起来，那么习近平新时代中国特色社会主义思想则是指引中华民族强起来的主要标识。正是在这个意义上，我们可以说，习近平新时代中国特色社会主义思想，同毛泽东思想、邓小平理论一样，实现了马克思主义的基本原理同当代中国实践和时代特征相结合的又一次历史性飞跃，是对中国特色社会主义理论体系的极大丰富和发展。

党的十九大将习近平新时代中国特色社会主义思想写入党章，作为党必须长期坚持的指导思想，是历史必然、时代所需、全党共识、民心所向，具有重大现实意义和深远历史意义。在当代中国，坚持和发展习近平新时代中国特色社会主义思想，就是真正坚持和发展马克思主义，就是真正坚持和发展科学社会主义。习近平新时代中国特色社会主义思想，是新时代中国共产党的思想旗帜，是国家政治生活和社会生活的根本指针。有习近平新时代中国特色社会主义思想指引航向，我们党就能在中华民族伟大复兴战略全局和世界百年未有之大变局深度演进互动的复杂条件下，坚持正确前进方向，乘风破浪不迷航。

三、确定了新征程的新战略和新要求

基于新的历史方位，回应社会主要矛盾转化，党的十九大实事求是地谋划全面建设社会主义现代化国家的新征程。党的十九大指出，从十九大到二十大，是"两个一百年"奋斗目标的历史交汇期，我们既要全面建成小康社会、实现第一个百年奋斗目标，又要乘势而上开启全面建设社会主义现代化国家新征程，向第二个百年奋斗目标进军。党的十九大报告明确了决胜全面建成小康社会的时间节点和工作重点，也明确了全面建设社会主义现代化国家及其"两步走"战略安排，完整勾画出我国社会主义现代化建设的时间表和路线图。"第一个阶段，从二〇二〇年到二〇三五年，在全面建成小康社会的基础上，再奋斗十五年，基本实现社会主义现代化"；"第二个阶段，从二〇三五年到本世纪中叶，在基本实现现代化的基础上，再奋斗十五年，把我国建成富强民主文明和谐美丽的社会主义现代化强国"。①这两个阶段是一个新目标，也是新征程，不仅把基本实现社会主义现代化的目标提前了十五年，而且使第二个百年奋斗目标的表述更加完整。

为了如期实现上述新目标，必须要有科学的新部署和新要求。党的十九大在经济建设、政治建设、文化建设、社会建设、生态文明建设以及军队建设、国家统一、外交工作、党的建设等方面作出部署，提出了很多要求，还提出了一些新的重大发展战略，如乡村振兴战略、军民融合发展战略、区域协调发展战略等，这些都是实现"两个一百年"奋斗目标的具体举措。鉴于我国经济正处在转变发展方式、优化经济结构、转换增长动力的攻关期，建设现代化经济体系是跨越关口的迫切要求和我国发展的战略目标，党的十九大明确提出，必须坚持以供给侧结构性改革为主线，推动经济发展质量变革、效率变革、动力变革，提高全要素生产率，着力加快建设实体经济、科技创新、现代金融、人力资源协同发展的产业体系，着力构建市场机制有效、微观主体有活力、宏观调控有度的经济体制，不断增强我国经济创新力和竞争力。

---

① 《中国共产党第十九次全国代表大会文件汇编》，人民出版社2017年版，第23页。

只有这些战略部署落到实处,才能够取得应有的成效,保证我们新的奋斗目标的实现。

着眼于保障完成新时代的新使命,必须坚定不移全面从严治党,不断提高党的执政能力和领导水平。中国特色社会主义进入新时代,我们党一定要有新气象新作为。打铁必须自身硬。党要团结带领人民进行伟大斗争、推进伟大事业、实现伟大梦想,必须毫不动摇坚持和完善党的领导,毫不动摇把党建设得更加坚强有力。党的十九大的一个重大贡献,就是进一步深化对党的建设规律性认识,提出了新时代党的建设总要求:原则是坚持和加强党的全面领导;方针是坚持党要管党、全面从严治党;主线是加强党的长期执政能力建设、先进性和纯洁性建设;布局是以党的政治建设为统领,全面推进党的政治建设、思想建设、组织建设、作风建设、纪律建设,把制度建设贯穿其中,深入推进反腐败斗争;目标是把党建设成为始终走在时代前列、人民衷心拥护、勇于自我革命、经得起各种风浪考验、朝气蓬勃的马克思主义执政党。为了推动全面从严治党向纵深发展,确定了把党的政治建设摆在首位、用习近平新时代中国特色社会主义思想武装全党、建设高素质专业化干部队伍、加强基层组织建设、持之以恒正风肃纪、夺取反腐败斗争压倒性胜利、健全党和国家监督体系、全面增强执政本领等八项重点工作。这就为新时代党的建设提供了一个立体"坐标系"和精准"定位仪"。

总体来说,党的十九大是一次不忘初心、牢记使命、高举旗帜、团结奋进的历史性盛会,具有极其重大的历史意义。大会将习近平新时代中国特色社会主义思想写入党章，实现了党的指导思想的与时俱进；选举产生的新一届中央委员会和中央纪律检查委员会，为推动党和国家事业发展提供了坚强政治保证和组织保证。这次大会在政治上、理论上、组织上、实践上取得的一系列重大成果，极大地增强了全党同志为实现中华民族伟大复兴而奋斗的信心和力量，对我们党团结带领人民决胜全面建成小康社会、夺取新时代中国特色社会主义伟大胜利必将产生重大而深远的影响。

第三章

统筹推进"五位一体"总体布局

党的十八大以来,我们党形成并统筹推进经济建设、政治建设、文化建设、社会建设、生态文明建设"五位一体"总体布局。"五位一体"各方面相互联系、相互促进、不可分割,共同构筑起中国特色社会主义事业的全局,这是重大理论和实践创新,带来了发展理念和发展方式的深刻转变。按照"五位一体"总体布局的整体性目标要求,必须坚持以经济建设为中心,促进经济、政治、文化、社会、生态文明建设各方面相协调,推动生产关系与生产力、上层建筑与经济基础相适应,推进中国特色社会主义事业全面发展、全面进步。

一、经济转向高质量发展取得重大成就

1. 大力推进供给侧结构性改革
2. 以创新驱动发展战略推动高质量发展
3. 统筹推进城乡和区域协调发展
4. 以绿色发展推进美丽中国建设
5. 不断扩大对外开放新格局

二、社会主义民主政治建设全面推进

1. 坚定走中国特色的政治发展道路
2. 党的领导制度建设全面推进
3. 人民代表大会制度不断完善
4. 社会主义协商民主广泛全面开展
5. 多党合作和政治协商制度有了新发展
6. 民族区域自治制度得到贯彻落实
7. 基层群众自治制度充满活力

三、思想文化建设取得重大进展

1. 坚定不移树立"文化自信"
2. 加强党对意识形态工作的领导
3. 巩固马克思主义意识形态的指导地位
4. 培育和践行社会主义核心价值观
5. 实施中华优秀传统文化传承发展工程
6. 推动文化事业和文化产业健康发展

四、社会建设有了长足进步

1. 就业状况保持基本稳定
2. 收入分配趋向合理
3. 教育事业全面发展
4. 统一社会保障体系基本建立
5. 健康中国战略深入实施
6. 社会治理体系更加完善

五、生态文明建设成效显著

1. 加强生态文明建设顶层设计
2. 生态文明制度体系加快形成
3. 环境污染防治力度空前加大
4. 生态保护修复成效显著
5. 绿色生产生活方式逐渐形成
6. 积极参与全球环境与气候治理

统筹推进"五位一体"总体布局

一、经济转向高质量发展取得重大成就

经济建设是党和国家的中心工作,是新时代"五位一体"总体布局的根本任务。受国际金融危机的影响,2010年后中国经济增长速度持续下滑,经济下行压力逐渐加大。中国经济大势怎么了?向何处去?需要党中央进行准确判断,给出应对困难的可行出路。

党的十八大之后,面对我国经济发展处于增长速度换挡期、结构调整阵痛期、前期刺激政策消化期"三期叠加"的复杂状况,以习近平同志为核心的党中央作出了中国经济发展进入新常

态的重要判断。2013年12月，习近平总书记首次在中央经济工作会议上提出，要"理性对待高速增长转向中高速增长的新常态"。[①]根据这一判断，会议进一步强调了坚持稳中求进工作总基调。2014年12月，习近平总书记指出："坚持稳中求进工作总基调，'稳'的重点要放在稳住经济运行上，确保增长、就业、物价不出现大的波动，确保金融不出现区域性系统性风险。'进'的重点要放在调整经济结构和深化改革开放上，确保转变经济发展方式和创新驱动发展取得新成效。'稳'和'进'要相互促进。"[②]此后，党中央不断完善党领导经济工作的体制机制，形成定期分析研究经济形势和重大经济问题等制度，加强对发展大局大势的研判把握，及时制定重大方针、重大战略，作出重大决策，部署重大工作，确保党对经济工作的领导落到实处，为推动各方面共同做好经济工作提供了制度保证。

在2014年12月的中央经济工作会议上，习近平总书记又系统阐述了经济发展新常态带来的趋势性变化，从增长速度、发展方式、经济结构、发展动力四个方面概括了新常态的基

[①]《习近平关于全面建成小康社会论述摘编》，中央文献出版社2016年版，第19页。

[②]《习近平关于全面建成小康社会论述摘编》，中央文献出版社2016年版，第30—31页。

本特征，即增长速度从高速转向中高速，发展方式从规模速度型转向质量效率型，经济结构调整从增量扩能为主转向调整存量、做优增量并举，发展动力从主要依靠资源和低成本劳动力等要素投入转向创新驱动。这些变化，是我国经济向形态更高级、分工更优化、结构更合理的阶段演进的必经过程，实现这样广泛而深刻的变化也是一个新的巨大挑战。为此，习近平总书记强调："认识新常态，适应新常态，引领新常态，是当前和今后一个时期我国经济发展的大逻辑。"①

适应、把握、引领经济发展新常态，需要进一步明确主攻方向、总体思路和工作重点。2015年10月，党的十八届五中全会审议通过"十三五"规划建议，明确提出了以人民为中心的发展思想，提出了创新、协调、绿色、开放、共享的发展理念。创新针对的是发展创新能力不强的问题，要求提高创新能力、转换发展动力；协调针对的是发展结构不合理问题，要求增强城乡、区域发展的协调性；绿色针对的是发展过程中日趋严重的资源环境制约，要求更好实现人与自然和谐共生；开放针对的是发展内外联动

---

① 《习近平谈治国理政》第2卷，外文出版社2017年版，第233页。

问题，要求提高对外开放质量，充分利用两个市场和两种资源；共享针对的是社会公平正义问题，要求增强"分蛋糕"的能力，使全体人民共享改革发展成果。新发展理念集中体现了新时代我国的发展思路、发展方向、发展着力点，是管全局、管根本、管长远的导向，集中反映了党对经济社会发展规律认识的新突破。

大力推进供给侧结构性改革。面对中国经济运行中的重大结构性失衡问题，2015年11月，习近平总书记在中央财经领导小组第十一次会议上首次提出推进"供给侧结构性改革"。同年12月召开的中央经济工作会议，进一步提出"着力加强供给侧结构性改革"，并具体部署了去产能、去库存、去杠杆、降成本、补短板五大任务。以供给侧结构性改革适应并引领经济新常态，这是党中央的一项重大战略部署。习近平总书记强调指出："推进供给侧结构性改革，是适应和引领经济发展新常态的重大创新，是适应国际金融危机发生后综合国力竞争新形势的主动选择，是适应我国经济发展新常态的必然要求。"[1]此后，党中央以"三去一降一补"为抓手，大力推进供给侧结构性改革。

---

[1] 《习近平谈治国理政》第2卷，外文出版社2017年版，第244页。

以钢铁、煤炭等行业为重点加大去产能力度，中央财政安排1000亿元专项奖补资金予以支持，用于分流职工安置；坚持房子是用来住的、不是用来炒的定位，因城施策分类指导，三、四线城市商品住宅去库存取得明显成效，热点城市房价涨势得到控制；积极稳妥去杠杆，控制债务规模，增加股权融资，工业企业资产负债率连续下降，宏观杠杆率涨幅明显收窄、总体趋于稳定；全面推开营业税改增值税试点，多措并举降低企业生产成本，压减政府性基金项目30%，削减中央政府层面设立的涉企收费项目60%以上，阶段性降低"五险一金"缴费比例，推动降低用能、物流、电信等成本；突出重点加大补短板力度，推进供给侧结构性改革取得明显成效。

以创新驱动发展战略推动高质量发展。面临新一轮全球科技革命与产业变革的重大机遇和挑战，2013年3月，习近平总书记在参加全国政协十二届一次会议科协、科技界委员联组讨论时指出："我们必须加快从要素驱动发展为主向创新驱动发展转变，发挥科技创新的支撑引领作用。这是立足全局、面向未来的重大战略。"[1]同年9月，习近平总书记以实施创新驱动发展战略为主题，主持第十八届中共中央政治局第九次集体学习。随后几年，习近平总书记连续出席中国科学院、中国工程院两院院士大会和全国科技创新大会并发表重要讲话，对全党全国人民统一思想认识，加快实施创新驱动发展战略起到了重要指导作用。2015年9月，中共中央办公厅、国务院办公厅印发《深化科技体制改革实施方案》，对推进科技创新作出顶层设计，从10个方面部署了深化科技体制改革到2020年要完成的32项改革举措和143项政策措施。[2]2016年5月，中共中央、国务院印发《国家创新驱动发展战略纲要》，提出把创新驱动发展作为国家的优先战略，以科技创新为核心带动全面创新，以体制机制改革激发创新活力，以高效率的创新体系支撑高水平的创新型国家建设。纲要还明确规定了实施创新驱动发展的战略目标部署：到2020年进入创新型国家行列，基本建成中国特色国家创新体系；到2030年跻身创新型国家前列，发展驱动力实现根本转换；到2050年建成世界科技创新强国，成为世界主要科学中心和创

---

[1]《习近平关于社会主义经济建设论述摘编》，中央文献出版社2017年版，第125页。
[2]《中办、国办印发〈深化科技体制改革实施方案〉》，《人民日报》2015年9月25日。

新高地。①

按照党中央、国务院的部署和要求，国家不断加大对科技创新的投入力度，并取得显著成效。2021年，全国研究与试验发展（R&D）经费支出由2012年的10240亿元增加到27864亿元，为2012年的2.72倍，与国内生产总值之比由2012年的1.97%提升到2.44%。其中基础研究经费由2012年的498亿元增加到1696亿元，为2012年的3.40倍。2021年，国家自然科学基金共资助4.87万个项目。截至2021年底，正在运行的国家重点实验室533个，纳入新序列管理的国家工程研究中心191个，国家企业技术中心1636家，大众创业万众创新示范基地212家。国家级科技企业孵化器1287家，国家备案众创空间2551家。全年授予专利权460.1万件，比上年增长26.4%；PCT（专利合作条约）专利申请受理量7.3万件。截至2021年末，有效专利1542.1万件，其中境内有效发明专利270.4万件，每万人口高价值发明专利拥有量7.5件。全年共签订技术合同67万项，技术合同成交金额37294亿元，比上年增长32.0%。②2021年，国家科技进步贡献率超过60%，创新正在

---

① 《中共中央、国务院印发〈国家创新驱动发展战略纲要〉》，《人民日报》2016年5月20日。

② 《中华人民共和国2012年国民经济和社会发展统计公报》，国家统计局网，http://www.stats.gov.cn/tjsj/tjgb/ndtjgb/qgndtjgb/201302/t20130221_30027.html，2013年2月22日；《中华人民共和国2021年国民经济和社会发展统计公报》，国家统计局网，http://www.stats.gov.cn/tjsj/zxfb/202202/t20220227_1827960.html，2022年2月28日。

成为引领发展的第一动力。世界知识产权组织发布的报告显示，中国的全球创新指数排名从2012年第34位大幅提升至2021年第12位，创新型国家建设取得重要进展，整体创新能力大幅度提升。

统筹推进城乡和区域协调发展。中国作为一个幅员辽阔、人口众多的大国，长期存在着发展不平衡、不协调问题，这成为阻碍全面建成小康社会的突出问题。党的十八大以来，以习近平同志为核心的党中央，把坚持协调发展作为解决发展不平衡问题的重要一环，重点是促进城乡区域协调发展。2012年12月，习近平总书记在河北阜平考察扶贫开发工作时指出："全面建成小康社会，最艰巨最繁重的任务在农村、特别是在贫困地区。没有农村的小康，特别是没有贫困地区的小康，就没有全面建成小康社会。"[1] 2015年11月，中央召开扶贫开发工作会议，中共中央、国务院发布《关于打赢脱贫攻坚战的决定》，对加快贫困地区、贫困人口精准脱贫作出动员和部署，提出到2020年国家现行标准下农村贫困人口实现脱贫，贫困县全部摘帽，解决区域性整体贫困。[2] 2015

---

[1]《习近平关于社会主义经济建设论述摘编》，中央文献出版社2017年版，第209页。

[2]《中共中央、国务院关于打赢脱贫攻坚战的决定》，《人民日报》2015年12月8日。

年之后，习近平总书记就打赢脱贫攻坚战主持召开7次专题会议，每次围绕一个主题，同时也提出面上的工作要求。2018年6月，中共中央、国务院按照党的十九大关于打赢脱贫攻坚战的要求，制定了《关于打赢脱贫攻坚战三年行动计划的指导意见》。在以习近平同志为核心的党中央坚强领导下，经过八年精准扶贫、五年脱贫攻坚战，到2020年底，我国脱贫攻坚战取得了全面胜利，现行标准下9899万农村贫困人口全部脱贫，832个贫困县全部摘帽，12.8万个贫困村全部出列，区域性整体贫困得到解决，完成了消除绝对贫困的艰巨任务。[1]与此同时，党和国家大力实施乡村振兴战略，积极推进城乡融合发展，加快了农业农村现代化步伐。农村居民收入增速连续10年快于城镇居民，城乡居民人均可支配收入之比从2012年的2.88下降至2021年的2.50。

在推进区域协调发展方面，党的十八大以来主要决策和谋划了京津冀协同发展、长江经济带发展、粤港澳大湾区发展、长江三角洲区域一体化发展等区域发展战略，有力促进了跨行政区划、跨地理空间的整体化发展。2015年4月，

---

[1]《全国脱贫攻坚总结表彰大会在京隆重举行》，《人民日报》2021年2月26日。

中共中央政治局会议审议通过《京津冀协同发展规划纲要》，确定以有序疏解北京非首都功能为核心，调整经济结构和空间结构，推动要素市场一体化，促进京津冀协同发展，形成新的增长极。①2016年3月，中共中央政治局审议通过《长江经济带发展规划纲要》，规定要把修复长江生态环境摆在压倒性位置，坚持走生态优先、绿色发展之路，把长江经济带建设成为生态文明建设的先行示范带、引领全国转型发展的创新驱动带、具有全球影响力的内河经济带、东中西互动合作的协调发展带。②2019年2月，中共中央、国务院印发《粤港澳大湾区发展规划纲要》，提出更加深入广泛推进粤港澳合作，以2022年和2035年为目标节点，基本形成和全面建成发展活力充沛、创新能力突出、产业结构优化、要素流动顺畅、生态环境优美的国际一流湾区和世界级城市群。③同年12月，中共中央、国务院印发《长江三角洲区域一体化发展规划纲要》，全面谋划了长三角区域一体化发展的指导思想、基本原则、战略定位和发展目标。④一大批国家区域发展重大战略的高质量推进，主体功能区战略和制度的逐步完善，

① 《分析研究当前经济形势和经济工作，审议〈中国共产党统一战线工作条例（试行）〉、〈京津冀协同发展规划纲要〉》，《人民日报》2015年5月1日。

② 《中共中央政治局召开会议，审议〈关于经济建设和国防建设融合发展的意见〉和〈长江经济带发展规划纲要〉》，《人民日报》2016年3月26日。

③ 《中共中央、国务院印发〈粤港澳大湾区发展规划纲要〉》，《人民日报》2019年2月19日。

④ 《中共中央、国务院印发〈长江三角洲区域一体化发展规划纲要〉》，《人民日报》2019年12月2日。

形成了国土空间布局更加优化、东西南北中纵横联动的区域协调发展新格局。同时，全国继续统筹推进西部大开发、东北全面振兴、中部地区崛起、东部率先发展等区域发展战略，有力推动了区域创新能力和发展质量的整体提升。中西部地区经济增速连续多年高于东部地区，人均GDP与东部地区差距不断缩小。相关研究表明，从2012年到2020年，我国区域协调发展指数提高了18.6个百分点。

以绿色发展推进美丽中国建设。党的十八大报告以一个独立章节突出强调了"大力推进生态文明建设"，并将其提升到更高的战略层面，与经济建设、政治建设、文化建设、社会建设并列，确立了中国特色社会主义事业"五位一体"总体布局，标志着我们党对中国特色社会主义规律认识的进一步深化。党的十八大后，党中央强调生态文明建设是关乎中华民族永续发展的根本大计，保护生态环境就是保护生产力，改善生态环境就是发展生产力，决不以牺牲环境为代价换取一时的经济增长。必须坚持绿水青山就是金山银山的理念，坚持山水林田湖草沙一体化保护和系统治理，像保护眼睛一样保护生态环境，像对待生命一样对待生态环境，更加自觉地推进绿色发展、循环发展、低碳发展，坚持走生产发展、生活富裕、生态良好的文明发展道路。在党中央的正确领导下，全国上下按照绿色发展理念，坚持节约资源和保护环境的基本国策，努力开创社会主义生态文明新时代。一是大力转变发展理念和经济发展方式。全国各地区各行业以调整经济结构和能源结构为重点，加快形成绿色发展方式，全国各族人民牢固树立生态文明理念，加快形成绿色生活方式。绿水青山就是金山银山的理念愈益深入人心，建设美丽中国成为全体人民自觉行动。二是建立保护生态环境的制度体系。2015年4月，中共中央、国务院发布《关于加快推进生态文明建设的意见》，部署了与全面建成小康社会目标相适应的生态文明建设目标和任务，强调要加快建立系统完整的生态文明制度体系，用制度保护生态环境。[1]同年9月，中共中央、国务院印发《生态文明体制改革总体方案》，要求到2020年构筑起由八个方面制度构成的、系统完整的生态文明制度体系，完善生态文明绩效评价考核和责任追究制度，推进生态文明领域国家治理体系和治理能力现代化。[2]为压实生态环境保护责任，中共中央办公厅、国务院办公厅印发了《中央生态环境保护督察工作规定》，强化督察问责，形成警示震慑，推进工作落实。三是优化国土空间开发保护格局，建立以国家公园为主体的自然保护地体系，持续开展大规模国土绿化行动，加强大江大河和重要湖泊湿地及海岸带生态保护和系统治理，加大生态系统保护和修复力度，加强生物多样性保护，推动形成节约资源和保护环境的空间

---

[1] 《十八大以来重要文献选编》（中），中央文献出版社2016年版，第495页。

[2] 《中共中央、国务院印发〈生态文明体制改革总体方案〉》，中国政府网，http://www.gov.cn/guowuyuan/2015-09/21/content_2936327.htm，2015年9月21日。

格局、产业结构、生产方式、生活方式。四是着力打赢污染防治攻坚战，深入实施大气、水、土壤污染防治三大行动计划，打好蓝天、碧水、净土保卫战，开展农村人居环境整治，全面禁止进口"洋垃圾"。近年来，通过全方位、全地域、全过程加强生态环境保护，建立健全自然资源资产产权制度、国土空间开发保护制度、生态文明建设目标评价考核制度和责任追究制度、生态补偿制度、河湖长制、林长制、环境保护"党政同责"和"一岗双责"等制度，坚决查处一批破坏生态环境的重大典型案件，全党全国推动绿色发展的自觉性和主动性显著增强，美丽中国建设迈出重大步伐，绿色日益成为经济社会高质量发展的鲜明底色。据初步核算，党的十八大以来，我国能耗强度累计下降26.2%，是全球能耗强度降低最快的国家之一。中国已建成世界上规模最大的绿色发电体系，可再生能源装机规模突破10亿千瓦。当前，以"双碳"引领发展方式系统性变革正在深入展开。

不断扩大对外开放新格局。以开放促改革、促发展是中国经济不断取得新成就的重要法宝。党的十八大以来，党和国家更加积极主动实行开放战略，在更大范围、更宽领域、更高层次上扩大对外开放，构建互利共赢、多元平衡、安全高效的开放型经济体系。一是提出和积极实施"一带一路"倡议。2013年9月、10月外出访问期间，习近平主席提出了"共同建设'丝绸之路经济带'"和"共同建设'21世纪海上丝绸之路'"倡议。同年11月，中共十八届三中全会决定："推进丝绸之路经济带、海上丝绸之路建设，形成全方位开放新格局。"[1]2015年3月，中国政府发布《推动共建丝绸之路经济带和21世纪海上丝绸之路的愿景与行动》，系统提出了"一带一路"的共建原则、框架思路、合作重点、合作机制等主张，得到国际上的热烈响应。截至2021年6月，中国已同140个国家和32个国际组织签署206份共建"一带一路"合作文件，推动建立了90多个双边合作机制，共同开展超过2000个合作项目，[2]合作内容不断走深走实，"一带一路"已经成为当今世界上范围最广、规模最大的国际合作平台。二是积极打造开放新高地新平台。继党的十八大确定"加快实施自由贸易区战略"之后，2013年9月，中国（上海）自由贸易试验区经国务院批准正式挂牌，总面积28.78平方公里，包括上海市外高桥保税区、外高桥保税物流园区、洋山保税港区和上海浦东机场综合保税区4个海关特殊监管区域。[3]在取得试点经验的基础上，从2015年开始逐渐向全国其他省市复制推广，截至2020年，全国自由贸易试验区数量增至21个。2018年10月，海南自由贸易试验区成立，并于2020年6月以自由贸易港启动运作，正在高标准高质量推进

---

[1]《十八大以来重要文献选编》（上），中央文献出版社2014年版，第526页。

[2] 商务部国际贸易经济合作研究院：《中国"一带一路"贸易投资发展报告2021》，2021年。

[3]《上海自贸区29日挂牌》，《人民日报》2013年9月29日。

建设。面对美国政府步步紧逼的对华贸易战，习近平总书记在博鳌亚洲论坛2018年年会开幕式上坚定表示："中国开放的大门不会关闭，只会越开越大！"[①]2018年11月，由商务部、上海市人民政府主办的首届中国国际进口博览会在上海举行，这是世界上第一个以进口为主题的大型国家级展会，是中国政府坚定支持贸易自由化和经济全球化、主动向世界开放市场的重大举措，有利于促进全球贸易和世界经济增长，推动开放型世界经济的发展。通过中国政府连续四次成功举办，影响越来越大的"进博会"已成为全世界企业界共同分享的国际公共产品，见证着中国扩大开放的决心。三是加快推进制度型开放。外商投资全面实施准入前国民待遇加负面清单管理制度；签署《区域全面经济伙伴关系协定》（RCEP），推动《中欧全面投资协定》（CAI）落地，以及申请加入《全面与进步跨太平洋伙伴关系协定》（CPTPP）。

  总体上看，在新发展理念正确指引下，党中央坚持稳中求进工作总基调，以推进供给侧结构性改革、实现高质量发展为主线，主动适应、把握、引领经济发展新常态，经济发展取

[①]《习近平谈治国理政》第3卷，外文出版社2020年版，第194页。

得巨大成就。以新产业新业态新模式为核心的新动能不断增强，成为推动我国经济平稳增长和经济结构转型升级的重要力量，增长的包容性和人民群众的获得感不断增强，稳中有进、稳中向好的态势更加明显。我国经济增长从主要依靠工业带动转为工业和服务业共同带动，从主要依靠投资拉动转为消费和投资一起拉动，从出口大国转为出口和进口并重的大国，实现了我国多年想实现而没有实现的重大结构性变革，经济实力、经济结构、经济活力和韧性、对全球经济发展的影响力都迈上了一个新台阶。2012年到2021年，中国GDP年均增长率为6.5%，保持了中高速增长；2021年，中国GDP总量达到114.4万亿元，稳居世界第二，占世界经济比重达到18%，成为世界经济增长的主要动力源和稳定器。

二、社会主义民主政治建设全面推进

以什么样的思路来谋划和推进中国社会主义民主政治建设，在国家政治生活中具有管根本、管全局、管长远的作用。党的十八大以来，党的领导、人民当家作主、依法治国有机统一的制度建设全面加强，党的领导制度建设不断完善，全过程人民民主积极发展，社会主义民主政治制度化、规范化、程序化全面推进，社会主义民主政治建设迈出重大步伐。

坚定走中国特色的政治发展道路。中国是一个发展中大国，坚持正确的政治发展道路是关系根本、关系全局的重大问题。党中央从国内外政治发展成败得失中深刻认识到，坚定中国特色社会主义制度自信首先要坚定对中国特色社会主义政治制度的自信，建设社会主义民主政治，发展社会主义政治文明，必须使中国特色社会主义政治制度深深扎根于中国社会土壤，照抄照搬他国政治制度行不通，甚至会把国家前途命运葬送掉。2012年12月，在首都各界纪念现行宪法公布施行30周年大会上，习近平总书记概括了中国特色社会主义政治发展道路的核心内涵，强调坚持中国特色社会主义政治发展道路，关键是要坚持党的领导、人民当家作主、依法治国有机统一，以保证人民当家作主为根本，以增强党和国家活力、调动人民积极性为目标，扩大社会主义民主，发展社会主义政治文明。2014年9月，在庆祝全国人民代表大会成立60周年大会上，习近平总书记进一步阐述了中国特色社会主义政治发展道路的历史逻辑、理论逻辑、实践逻辑，深刻总结了中国特色社会主义政治制度的优势和特点。他明确提出了评价一个国家政治制度是不是民主有效的重要标准：主要看国家领导层能否依法有序更替，全体人民能否依法管理国家事务和社会事务、管理经济和文化事业，人民群众能否畅通表达利益要求，社会各方面能否有效参与国家政治生活，国家决策能否实现科学化、民主化，各方面人才能否通过公平竞争进入国家领导和管理体系，执政党能否依照宪法法律规定实现对国家事务的领导，权力运用能否得到有效制约和监督。

党的领导制度建设全面推进。以习近平同志为核心的党中央旗帜鲜明提出，党的领导是党和国家的根本所在、命脉所在，是全国各族人民的利益所系、命运所系，必须坚持发挥党总揽全局、协调各方的领导核心作用。提高党科学执政、民主执政、依法执政水平，提高把方向、谋大局、定政策、促改革的能力，这是新时代增加和扩大我国社会主义民主政治优势的关键。2015年6月，中共中央印发《中国共产党党组工作条例（试行）》，这是党组工作方面第一部专门党内法规，成为规范党组设立和运行、确保党全面领导的基本遵循。从2015年开始，中央政治局每年召开会议，专门听取全国人大常委会、国务院、全国政协、最高人民法院和最高人民检察院党组工作汇报。党中央还先后印发文件，完善党领导武装力量、人民团体、企事业单位、基层群众性自治组织、社会组织等制度，确保党在各种组织中发挥领导作用。2019年10月，党的十九届四中全会审议通过的《中共中央关于坚持和完善中国特色社会主义制度、推进国家治理体系和治理能力现代化若干重大问题的决定》，着眼于党长期执政和国家长治久安，对坚持和完善中国特色社会主义制度、推进国家治理体系和治理能力现代化作出总体擘画，重点部署了坚持和完善支撑中国特色社会主义制度的根本制度、基本制度、重要制度。全会提出，必须坚持党政军民学、东西南北中，党是领导一切的，坚决维护党中央权威，健全总揽全局、协调各方的党的领导制度体系，把党的领导落实到国家治理各领域各方面各环节。为此，要建立不忘初心、牢记使命的制度，完善坚定维护党中央权威和集中统一领导的各项制度，健全党的全面领导制度，健全为人民执政、靠人民执政各项制度，健全提高党的执政能力和领导水平制度，完善全面从严治党制度。经过不懈努力，党中央权威和集中统一领导得到有力保证，党的领导制度体系不断完善，党的领导方式更加科学，科学执政、民主执政、依法执政水平大力提高，党的政治领导力、思想引领力、群众组织力、社会号召力显著增强。

人民代表大会制度不断完善。 党的十八大以来，我们深化对民主政治发展规律的认识，提出全过程人民民主的重大理念，强调人民代表大会制度是实现全过程人民民主的重要制度载体，大力推进人民代表大会制度理论和实践创新。一是提高了对完善人民代表大会制度重要性的认识。习近平总书记多次就做好人大工作发表重要讲话，提出明确要求，党中央连续发出有关人大工作的重要文件。习近平总书记指出，"新形势下，我们要毫不动摇坚持人民代表大会制度，也要与时俱进完善人民代表大会制度"，"新的形势和任务对各级人大及其常委会工作提出了更高要求。要按照总结、继承、完善、提高的原则，推进人民代表大会制度理论和实践创新，推动人大工作提高水平"。二是紧扣全面依法治国，抓住提高立法质量这个关键，科学立法、民主立法、依法立法水平不断提高。2015年3月，十二届全国人大三次会议对《中华人民共和国立法法》作出重要修改，依法赋予设区的市地方立法权，明确地方立法权限和范围，进一步完善了我国立法体制。充分发挥人大在立法中的主导作用，加强立法工作组织协调，十二届全国人大及其常委会加强重点领域立法，新制定法律25件，修改法律127件次，通过有关法律问题和重大问题的决定46件次，作出9个法律解释。截至2021

年9月底，十三届全国人大及其常委会共制定法律36件、修改法律96件次，通过有关法律问题和重大问题的决定40件。全国人大通过宪法修正案，制定民法典、外商投资法、国家安全法、监察法等法律，修改立法法、国防法、环境保护法等法律，加强重点领域、新兴领域、涉外领域立法，更加完善了以宪法为核心的中国特色社会主义法律体系。三是坚持正确监督、有效监督，切实依法履行人大监督职责。贯彻党中央关于健全人大讨论决定重大事项制度、各级政府重大决策出台前向本级人大报告的部署要求，认真做好人大讨论决定重大事项工作，更好发挥国家权力机关职能作用。十二届全国人大建立了委员长会议组成人员、常委会委员联系全国人大代表制度，实现了基层全国人大代表任期内至少列席一次常委会会议的目标；各级人大都制定了代表密切联系人民群众的实施意见，人大代表列席常委会会议、参加执法检查、参与专门委员会和工作委员会活动日益常态化，进一步畅通了社情民意表达和反映渠道。四是代表工作不断深化和拓展，人大代表中一线工人、农民、专业技术人员代表比例和农民工代表人数有所增加，丰富了人大代表联系人民群众的内容和形式，更好接地气、察民情、聚民智、惠民生，代表依法履职得到充分保障。通过进一步加强县乡两级人大工作和建设，夯实了国家政权建设和党长期执政基础。

社会主义协商民主广泛全面开展。党的十八大提出，社会主义协商民主是我国人民民主的重要形式，要完善协商民主制度和工作机制，推进协商民主是切实保障人民当家作主的制度安排。2014

年9月，习近平总书记在庆祝中国人民政治协商会议成立65周年大会的讲话中，系统阐释了社会主义协商民主的来源、意义和如何推进等重大问题，指出人民政协作为专门协商机构，是人民民主的重要形式，是推进社会主义协商民主实践的重要力量。2015年1月，中共中央印发《关于加强社会主义协商民主建设的意见》，从顶层设计的高度系统谋划了协商民主的发展路径，形成了包括政党协商、人大协商、政府协商、政协协商、人民团体协商、基层协商、社会组织协商等七种协商形式，推动协商民主广泛多层制度化发展不断取得新成效，极大地丰富了民主形式、拓宽了民主渠道、加深了民主内涵。之后，在党中央的坚强领导和大力推动下，协商民主有序开展，协商制度建设不断加强，协商民主体系逐步建立，协商内容得到丰富发展，参与协商的主体逐步扩大，协商活动日益活跃。我们党第一次将协商民主提升到人民民主的高度，将其界定为我国社会主义民主政治的特有形式和独特优势；第一次将协商民主界定为群众路线在政治领域的重要体现，充分体现了社会主义协商民主的价值追求；第一次把民主协商和民主选举、民主决策、民主管理、民主监督一起作为有序参与的重要环节；第一次系统规划了七种主要协商渠道，将协商民主全面嵌入党和国家治理的重大决策过程和日常治理过程。从十八大到十九大的五年间，党中央召开或委托有关部门召开的协商会、座谈会、情况通报会共计110多次，其中习近平总书记主持召开或出席的就有20多次。党的十九大报告把"发展社会主义协商民主"纳入新时代中国特色社会主义的基本方略，并对推进协商民主的战略任务和实现路径作出专门部署，为进一步推进社会主义协商民主提供了基本遵循和行动指南。近年来，坚持发扬民主和增进团结相互贯通、建言资政和凝聚共识双向发力，把发展全过程人民民主的要求落实到政治协商、民主监督、参政议政和凝聚共识各项工作中，民主协商制度呈现出强大生机和活力，有效提升了国家治理体系和治理能力现代化。

多党合作和政治协商制度有了新发展。中国共产党领导的多党合作和政治协商制度，既是符合中国国情的社会主义政党制度，也是我国的一项基本政治制度。2015年5月，中共中央颁布《中国共产党统一战线工作条例（试行）》，这是关于统一战线的第一部党内法规。条例首次将"参加中国共产党领导的政治协商"作为民主党派基本职能之一，将民主党派基本职能拓展为"参政议政、民主监督，参加中国共产党领导的政治协商"。12月，中共中央办公厅印发《关于加强政党协商的实施意见》，对政党协商的内容、形式、程序、保障机制等作出明确规定。全国政协落实中共中央关于政协协商民主建设重大改革举措，形成和完善了以全体会议为龙头，以专题议政性常委会议和专题协商会为重点，以双周协商座谈会、对口协商会、提案办理协商会等为常态的协商议政格局，充分调动了政协委员参政议政的积极性主动性。十年来，各民主党派中央结合自身特色和优势，围绕大力推进供给侧结构性改革、深入推进新型城镇化、"一带一路"建设、促进科技发展和自主创新、振兴和提升实体经济、实施乡村振兴战略、新冠疫情防控、"十四五"

规划纲要、构建新发展格局、优化区域空间布局、提升科技创新支撑作用、推动民营经济发展、应对人口老龄化、义务教育"双减"等重大问题，组织专家学者深入调研，共向中共中央、国务院报送意见建议800多件。人民政协坚持把协商民主贯穿履行职能全过程，坚持发扬民主和增进团结相互贯通、建言资政和凝聚共识双向发力，不断完善专门协商机构制度，充分体现了广大委员为国履职、为民尽责的担当精神，展现了人民政协作为专门协商机构的优势作用。

民族区域自治制度得到贯彻落实。2014年9月召开的中央民族工作会议，强调民族区域自治制度是我国的一项基本政治制度，是中国特色解决民族问题的正确道路，新时代要坚持统一和自治相结合、民族因素和区域因素相结合，把宪法和民族区域自治法的规定落实好。党的十八大以后，党中央高度重视民族地区经济社会发展，完善差别化的区域政策，优化转移支付和对口支援机制，实施促进民族地区和人口较少民族发展、兴边富民行动等规划，确保少数民族和民族地区同全国一道实现全面小康和现代化。在全面建成小康社会的过程中，实现了一个民族都不能也没有落下：全国28个人口较少民族全部脱贫，一些"直过民族"实现了从贫穷落后到全面小康的第二次历史性跨越；作为国家层面深度贫困地区的"三区三州"，最后的贫困堡垒被全部攻克，民族地区呈现了山乡巨变的时代画卷。同时，党中央先后召开了两次中央民族工作会议、两次中央新疆工作座谈会、两次中央西藏工作座谈会，深入分析了党的民族工作面临的新形势，系统阐述了党在新时代的治疆方略和治藏方略。在民族工作实践中，高举民族团结旗帜，深入开展民族团结进步宣传教育，促进各民族像石榴籽一样紧紧抱在一起，引导各族群众增强对伟大祖国的认同、对中华民族的认同、对中华文化的认同、对中国特色社会主义道路的认同，进一步铸牢中华民族共同体意识；不断加强民族区域自治法配套法规建设，不断健全民族工作法律法规体系，有力地推进了民族事务治理体系和治理能力现代化。2019年10月，党的十九届四中全会站在坚持和完善中国特色社会主义制度、推进国家治理体系和治理能力现代化的历史高度，对未来一个时期坚持和完善民族区域自治制度作出了部署，强调要坚定不移走中国特色解决民族问题的正确道路，坚持各民族一律平等，坚持各民族共同团结奋斗、共同繁荣发展，保证民族自治地方依法行使自治权，保障少数民族合法权益，巩固和发展平等团结互助和谐的社会主义民族关系。2021年8月，习近平总书记在中央民族工作会议上的重要讲话，全面回顾了我们党民族工作百年光辉历程和历史成就，深入分析了当前党的民族工作面临的新形势，系统阐释了我们党关于加强和改进民族工作的重要思想，明确了以铸牢中华民族共同体意识为主线推进新时代党的民族工作高质量发展的指导思想、战略目标、重点任务、政策举措，为进一步做好党的民族工作指明了前进方向，提供了根本遵循。

基层群众自治制度充满活力。党的十八大以来，大力健全基层党组织领导的基层群众自治机制，在城乡社区治理、基层公共事务和公益事业中广泛实行群众自我管理、自我服务、自我教育、自我监督，拓宽人民群众反映意见和建议的渠道，着力推进基层直接民主制度化、规范化、程序化。全心全意依靠工人阶级，健全以职工代表大会为基本形式的企事业单位民主管理制度，探索企业职工参与管理的有效方式，保障职工群众的知情权、参与权、表达权、监督权，维护职工合法权益。人民群众通过村民委员会、居民委员会、职工代表大会等，广泛、直接参与社会事务管理。全国农村普遍制定了村规民约或村民自治章程，城市社区普遍制定了居民公约或居民自治章程。以城乡居（村）民自治为核心，民主选举、民主协商、民主决策、民主管理、民主监督为主要内容的基层群众自治制度基本建立并不断完善，人民群众从各层次各领域有序参与政治生活，我国基层民主正日益发挥重大作用。

党的十八大以来，通过坚持党的领导、人民当家作主、依法治国有机统一，积极发展全过程人民民主，健全全面、广泛、有机衔接的人民当家作主制度体系，构建多样、畅通、有序的民主渠道，丰富民主实施形式，从各层次各领域扩大人民有序政治参与，我国社会主义民主政治制度化、规范化、程序化全面推进，中国特色社会主义政治制度优越性得到更好发挥，生动活泼、安定团结的政治局面得到巩固和发展。

三、思想文化建设取得重大进展

文化是一个国家、一个民族的灵魂，文化兴国运兴，文化强民族强。党的十八大以来，以习近平同志为核心的党中央坚定不移实施推进社会主义文化强国战略，加强社会主义意识形态建设，弘扬社会主义核心价值观和中华优秀传统文化，推进文化事业和文化产业健康发展，构建中国特色的哲学社会科学体系，为新时代中华民族实现强起来提供不竭的精神动力。

坚定不移树立"文化自信"。文化是一个国家和民族在长期发展历史中积累起来的精神成果，是维系国家和民族生生不息的精神命脉和人民的精神家园。进入新时代，中国特色社会主义文化是推动中国特色社会主义发展的精神力量，坚定中国特色社会主义道路自信、理论自信、制度自信，说到底必须要坚定文化自信。2013年5月4日，习近平总书记在同各界优秀青年代表座谈时指出："中国特色社会主义是物质文明和精神文明全面发展的社会主义。一个没有精神力量的民族难以自立自强，一项没有文化支撑的事业难以持续长久。"[1]这实际上就提出了依靠什么力量才能保证中国特色社会主义事业持续向前发展的命题。2014年2月24日，习近平总书记在主持中央政治局集体学

---

[1] 《习近平谈治国理政》第1卷，外文出版社2014年版，第52页。

习时指出,"中华文化源远流长,积淀着中华民族最深层的精神追求,代表着中华民族独特的精神标识,为中华民族生生不息、发展壮大提供了丰厚滋养","要讲清楚中华优秀传统文化的历史渊源、发展脉络、基本走向,讲清楚中华文化的独特创造、价值理念、鲜明特色,增强文化自信和价值观自信"。①之后,他又连续多次对"文化自信"进行阐释,强调"文化自信是更基本、更深沉、更持久的力量"。2016年7月1日,在庆祝中国共产党成立95周年大会上的讲话中,习近平总书记对文化自信的基本构成、地位和作用作出了集中阐释。他指出:"文化自信,是更基础、更广泛、更深厚的自信","全党要坚定道路自信、理论自信、制度自信、文化自信"。②以习近平同志为核心的党中央明确把文化自信纳入"四个自信"之中,就是因为中华优秀传统文化、革命文化和社会主义先进文化,代表着中华民族独特的精神标识。通过坚持中国特色社会主义文化发展道路,弘扬社会主义核心价值观,弘扬以爱国主义为核心的民族精神和以改革创新为核心的时代精神,推动社会主义文化繁荣兴盛,将为实现中

---

① 《习近平谈治国理政》第1卷,外文出版社2014年版,第164页。
② 《习近平谈治国理政》第2卷,外文出版社2017年版,第36页。

华民族伟大复兴提供不竭的奋斗动力。

加强党对意识形态工作的领导。随着人们思想活动的独立性、选择性、多变性、差异性明显增强，舆论生态、媒体格局、传播方式发生深刻变化，意识形态工作面临的国内外环境更趋复杂。为加强和改进宣传思想工作，从2013年至2016年，党中央先后召开了全国宣传思想工作会议、文艺工作座谈会、党的新闻舆论工作座谈会、网络安全和信息化工作座谈会、哲学社会科学工作座谈会、全国党校工作会议和全国高校思想政治工作会议，习近平总书记发表了一系列重要讲话，深刻回答了新的历史条件下宣传思想文化工作的重大理论和现实问题。党中央作出了一系列重大工作部署，出台了《关于推动传统媒体和新兴媒体融合发展的指导意见》《关于实施网络内容建设工程的意见》《党委（党组）意识形态工作责任制实施办法》等文件。加强党对意识形态工作的领导，面对棘手问题敢抓敢管、敢于亮剑，牢牢掌握工作领导权、管理权、话语权。经过不懈努力，我国意识形态领域形势发生全局性、根本性转变，人心凝聚、团结向上的良好局面日益形成。

巩固马克思主义意识形态的指导地位。马克思主义是我们党的指导思想，共产主义是我们党的远大理想。没有马克思主义信仰、共产主义理想，就没有中国共产党，就没有中国特色社会主义。2013年8月，习近平总书记在全国宣传思想工作会议上强调，能否做好意识形态工作，事关党的前途命运，事关国家长治久安，事关民族凝聚力和向心力。党的十八大以来，各级党组织和政府部门切实采取有效措施加强意识形态阵地管理，持续做好做强马克思主义宣传教育工作，把深入学习宣传贯彻习近平总书记系列重要讲话精神和治国理政新理念新思想新战略作为重中之重，深化中国特色社会主义和中国梦的学习宣传教育，全党理论武装卓有成效，社会主旋律更加响亮，群众正能量更加强劲。通过落实谁主管谁主办谁负责和属地管理的责任制，充分发挥党校、干部学院、社会科学院、高校等马克思主义学习、研究、宣传主要阵地作用，痛击形形色色的错误社会思潮，反对历史虚无主义，使马克思主义在意识形态领域的指导地位更加鲜明，全党全社会思想上的团结统一更加巩固。

培育和践行社会主义核心价值观。党的十八大提出，倡导富强、民主、文明、和谐，倡导自由、平等、公正、法治，倡导爱国、敬业、诚信、友善，积极培育和践行社会主义核心价值观。2013年12月，中共中央办公厅印发《关于培育和践行社会主义核心价值观的意见》，要求把培育和践行社会主义核心价值观融入国民教育全过程、落实到经济发展实践和社会治理中。之后，全社会普遍开展爱国主义教育活动和群众性精神文明创建活动，社会主义核心价值观被纳入国民教育体系，推动社会主义核心价值观进教材、进课堂、进学生头脑。一些重大礼仪活动上升到国家层面：国家通过法定程序，将9月3日确定为中国人民抗日战争胜利纪念日，将12月13日设立为南京大屠杀死难者国家公祭日，将9月30日设立为烈士纪念日，等等。2015年12月，中共中央印发《关于建立健全党和国家功勋荣誉表彰制度的意见》，全国人大常委会审议通过《中华人民共和国国家勋章和国家荣誉称号法》。通过肯定功勋模范的历史功绩，树起标杆、立起旗帜，推动全社会形成见贤思齐、崇尚英雄、争做先锋的良好氛围。

实施中华优秀传统文化传承发展工程。文运与国运相牵，文脉同国脉相连。2014年2月，习近平总书记在主持中央政治局集体学习时明确指出："博大精深的中华优秀传统文化是我们在世界文化激荡中站稳脚跟的根基。""深入挖掘和阐发中华优秀传统文化讲仁爱、重民本、守诚信、崇正义、尚和合、求大同的时代价值，使中华优秀传统文化成为涵养社会主义核心价值观的重要源泉。要处理好继承和创造性发展的关系，重点做好创造性转化和创新性发展。"[①]十年来，中国开展了第一次全国可移动文物普查摸底工作，新发现新认定文物共计708.4149万件/套，丰富了国家掌握的可移动文物资源总量；先后公布了第七批和第八批全国重点文物保护单位，守护好不可移动文物共计2705处；先后公布了第四批和第五批国家级非物质文化遗产名录共计338项，推动非物质文化遗产保护迈上新台阶。通过大力推动

[①]《习近平谈治国理政》第1卷，外文出版社2014年版，第164页。

中华优秀传统文化创造性转化、创新性发展，越来越多的传统经典、戏曲、书法等内容走入课堂、走进校园，融入国民教育体系，激发了全民学习优秀传统文化的热情，发挥出弘扬中华优秀传统文化的重要作用。一大批具有中国气派的影视动漫作品、艺术作品、服装服饰、网络游戏等，让收藏在博物馆里的文物、陈列在大地上的遗产、书写在古籍里的文字都活起来，让人民群众在潜移默化中受到优秀中华传统文化的浸润熏陶。"感知中国""中国文化年""欢乐春节"等文化活动，向世界展示了中华文化博大精深和当代中国人的精神风貌。

推动文化事业和文化产业健康发展。坚持把社会效益放在首位、社会效益和经济效益相统一，新一轮文化体制改革全面实施。通过创新公共文化管理体制和运行机制，创新基层公共文化管理机制，加快构建现代公共文化服务体系，不断为人民提供更加丰富的精神食粮。2017年3月，《中华人民共和国公共文化服务保障法》施行，实现了人民群众基本文化权益的法律保障。制定国家公共文化服务标准和指标体系，促进基本公共文化服务标准化、均等化发展，基本实现了"县有公共图书馆、文化馆，乡有综合文化站，村有文化活动广场"的基本目标。通过健全现代文化产业体系和市场体系，在经济下行压力较大、中美贸易战加剧和新冠肺炎疫情严重冲击的背景下，文化产业仍然保持了较快的增长速度。截至2020年底，我国文化产业及相关产业增加值达到4.44万亿元，占GDP比重提升到4.5%。统筹对外文化交流、文化传播和文化贸易，加快推动中华文化和艺术产品走出去,让世界更好了解"发展中的中国""开放中的中国""为人类文明作贡献的中国"。

十年来,通过坚持走中国特色社会主义文化发展道路,全党全国各族人民文化自信明显增强,国家文化软实力和中华文化影响力大幅提升,全社会凝聚力和向心力极大提升,全党全社会思想上的团结统一更加巩固,为新时代开创党和国家事业新局面提供了坚强思想保证和强大精神力量。

四、社会建设有了长足进步

进入新时代,随着经济社会发展水平的提高,人民对美好生活的向往更加强烈,民生领域需求日益复杂多元,保障和改善民生的任务十分繁重,加强民主法治、公平正义的诉求日益迫切。党中央坚持以人民为中心,把增进人民福祉作为发展的根本目的,着眼在发展中补齐民生短板,让改革发展成果更多更公平惠及全体人民。

就业状况保持基本稳定。就业关系老百姓的饭碗问题,是最大的民生。党的十八大提出推动实现更高质量的就业,实施就业优先战略和更加积极的就业政策。面对结构性就业压力,国家大力推进创业创新,出台完善各项创业优惠政策,牢牢稳住就业基本盘;大力发展职业教育和职业培训,积极推进就业结构转型,不断提升就业质量;突出抓好高校毕业生、农村剩余劳动力、分流安置职工、退伍军人等重点群体就业创业。各级政府不断健全劳动关系协调和矛盾调处机制，坚决防止和纠正就业歧视，建立解决农民工工资拖欠长效机制，推动全社会共同构建和谐劳动关系。从十八大到十九大的五年，在经济增速放缓、结构调整深化、劳动力总量高位运行的情况下，全国共解决了6500万新增就业问题，解决了2790多万下岗失业人员的再就业问题，解决了880多万城镇困难人员的就业问题，其中28万户零就业家庭实现了动态清零。2018—2021年，面对中美贸易战、新冠肺炎疫情、世界经济深度衰退等多重严重冲击，党和政府千方百计稳就业保就业，各年城镇新增就业人数分别为1361万、1352万、1186万、1269万，全国失业率保持在较低水平，城镇登记失业率保持在4.5%以下，调查失业率保持在5%左右。多年来，全国就业结构不断优化，第三产业已经成为吸纳就业最多的产业，城镇就业人员比重由2012年的48.4%提高到2020年的60.4%，城乡就业格局发生历史性转变。

收入分配趋向合理。中国实施了一系列促进公平分配的政策：加强国企高管薪酬管理，改革机关事业单位工资制度，健全加快农民增收长效机制，调整中央对地方转移支付，完善义务教育经费保障机制等。不断完善以按劳分配为主体、多种分配方式并存的分配制度，坚持实施"扩中、提低、调高、打非"政策，缩小收入分配差距。通过促进收入分配更合理、更有序改革完善，实现了居民收入和经济发展同步增长，劳动报酬和劳动生产率同步提高，农村居民人均可支配收入增速持续超过城镇居民。2013年到2021年，全国居民人均可支配收入从18311元增长到35128元，收入基尼系数从0.473下降到0.468，收入差距略有缩小。

教育事业全面发展。教育寄托着亿万家庭对美好生活的期盼，建设教育强国是民族复兴的基础工程。党中央紧扣办好让人民满意的教育，不断深化教育体制改革，减轻居民义务教育焦虑。巩固财政优先保障教育投入，国家财政性教育经费支出占国内生产总值比例始终保持在4%以上；重点改善贫困地区义务教育薄弱学校基本办学条件，深入实施农村义务教育学生营养改善计划和中西部高等教育振兴计划，不断完善全学段学生资助政策体系，教育公平得到更好保障。各级政府不断扩大优质教育资源覆盖面，努力解决人民群众反映强烈的"择校热""入园难"问题。着眼建设高质量教育体系，强化学校育人主体地位，深化校外培训机构治理，严格落实教育"双减"政策，有效缓解家长焦虑情绪，构建教育良好生态。2020年，学前教育毛入园率达85.2%，小学学龄儿童净入学率达99.96%，初中阶段毛入学率达102.5%，九年义务教育巩固率为95.2%，高中阶段教育毛入学率达91.2%，90%以上的残疾儿童享有受教育机会，80%以上的外来务工人员随迁子女在流入地公办学校就学。高等教育毛入学率达54.4%，已经实现从大众化迈进普及化阶段。

统一社会保障体系基本建立。社保是民生之依，有利于减轻居民的后顾之忧。2014年和2016年，国务院先后印发《关于建立统一的城乡居民基本养老保险制度的意见》《关于整合城乡居民基本医疗保险制度的意见》，全面建立统一的城乡居民基本养老保险制度和医疗保险制度，推进机关事业单位养老保险制度改革，破除养老金"双轨制"，建立企业职工基本养老保险基金中央调剂制度，启动养老保险基金投资运营，制度的公平性和可持续性显著增强。通过坚持全覆盖、保基本、多层次、可持续的方针，不断深化社会保障制度改革，社会保险覆盖面进一步扩大，建成世界上规模最大的社会保障体系。截至2020年，全国参加城镇职工基本养老保险人数45638万人，参加城乡居民基本养老保险人数54244万人，参加基本医疗保险人数136101万人，基本实现全民参保；参加失业保险、工伤保险、生育保险的参保人数分别为21689万人、26770万人、23546万人，覆盖绝大多数职业群体；全国共有805万人享受城市最低生活保障，3621万人享受农村最低生活保障，447万人享受农村特困人员救助供养，全年临时救助1341万人次，全年国家抚恤补助退役军人和其他优抚对象837万人。目前，全国基本养老保险参保人数达10.3亿人，参保率超过90%，基本医疗保险参保率稳定在95%以上，一个覆盖城乡居民的多层次社会保障体系基本建立起来。

健康中国战略深入实施。 在2016年8月召开的全国卫生与健康大会上，习近平总书记强调要把人民健康放在优先发展的战略地位，加快推进健康中国建设，努力全方位、全周期保障人民健康。同年10月，中共中央、国务院印发《"健康中国2030"规划纲要》，对健康中国建设作出全面部署。根据这个方针和部署，医药卫生体制改革坚持医疗、医保、医药"三医"联动，建立起由基本医疗、大病保险、应急救助、医疗救助构成的基本医疗保障体系；坚持防治结合、联防联控、群防群控，不断推进疾病治疗向健康管理转变。2019年中国居民平均预期寿命达到77.3岁，比2010年增加2.5岁，超过世界平均水平5.2岁，居民主要健康指标总体上已经优于中高收入国家水平。2020年以来，面对突如其来的新冠肺炎疫情，党中央坚持人民至上、生命至上，果断采取了一系列防控和救治举措、医疗保障举措，确保患者得到及时有效治疗，联防联控机制使人民与病毒实现有效隔离，生活保障措施确保人民生活物资充足供应，体现了不抛弃、不放弃的决心，每一个生命都得到全力护佑，人的生命健康权得到悉心呵护，夺取了抗击新冠肺炎疫情斗争重大战略成果。

社会治理体系更加完善。2013年召开的党的十八届三中全会，首次提出"创新社会治理"，"提高社会治理水平"，要求坚定不移走中国特色社会主义社会治理之路，把党的领导和社会主义制度优势转化为社会治理优势，不断完善中国特色社会主义社会治理体系，努力建成党委领导、政府负责、社会协同、公众参与、法治保障的社会治理体制，初步形成共建共治共享的社会治理格局。在实践中，社会治理重心下移，把更多资源下放到基层，更好提供精准化、精细化服务。通过加强基层网格化服务管理，综合运用大数据、人工智能等先进技术，打造起全方位、立体化的社会治安防控体系，全社会公共安全风险预测预警预防能力大幅提高。通过学习推广"枫桥经验"，改革社会组织管理制度、完善矛盾排查预警机制，实现政府治理和社会调节、居民自治良性互动，构建起调解、仲裁、行政裁决、行政复议、诉讼等有机衔接、相互协调的多元化纠纷解决体系。通过推广自治、法治、德治相融合的基层治理模式，完善乡规民约行为准则，畅通民主渠道，推进城乡社会协商制度化、规范化和程序化。十年来，不仅人民生活全方位改善，社会治理社会化、法治化、智能化、专业化水平大幅度提升，发展了人民安居乐业、社会安定有序的良好局面，续写了社会长期稳定奇迹。

五、生态文明建设成效显著

良好生态环境是最普惠的民生福祉。经过三十多年持续快速发展，我国多年积累下来的环境问题在某些地方、某些领域进入高强度频发阶段。党的十八大后，以习近平同志为核心的党中央坚定树立绿水青山就是金山银山的理念，以前所未有的力度大抓生态文明建设，美丽中国建设迈出重大步伐，推动我国生态环境保护发生历史性、转折性、全局性变化。

加强生态文明建设顶层设计。 党中央把生态文明建设作为统筹推进"五位一体"总体布局和协调推进"四个全面"战略布局的重要内容。2013年11月，党的十八届三中全会将"生态文明体制改革"纳入全面深化改革的目标体系，提出要紧紧围绕建设美丽中国，深化生态文明体制改革，加强建立生态文明制度，推动形成人与自然和谐发展现代化建设新格局。2015年，中共中央、国务院先后印发《关于加快推进生态文明建设的意见》和《生态文明体制改革总体方案》，从总体目标、基本理念、主要原则、重点任务、制度保障等方面对生态文明建设进行全面系统部署安排，要求到2020年构建起产权清晰、多元参与、激励约束并重、系统完整的生态文明制度体系，从而明确了改革路线图。

生态文明制度体系加快形成。建设生态文明，重在建章立制，用最严格的制度、最严密的法治保护生态环境。在绿水青山就是金山银山理念的指引下，《生态文明体制改革总体方案》有序实施，生态文明制度建设不断向纵深推进，取得一系列重大突破。自然资源资产产权制度改革稳步展开，主体功能区制度逐步健全，空间规划体系改革试点全面启动，资源有偿使用和生态补偿制度改革持续推进，环境治理体系改革力度明显加大，生态文明建设目标评价考核制度和责任追究制度、生态补偿制度、河湖长制、林长制、环境保护"党政同责"和"一岗双责"等制度纷纷出台。同时，国土空间开发保护制度不断加强，大力优化国土空间开发保护格局，建立以国家公园为主体的自然保护地体系，持续开展大规模国土绿化行动，加强大江大河和重要湖泊湿地及海岸带生态保护和系统治理，加大生态系统保护和修复力度，加强生物多样性保护。

环境污染防治力度空前加大。推进生态文明建设离不开对生态环境有力的监管。党的十八大后，被称为"史上最严"的新环保法从2015年开始实施，在打击环境违法犯罪方面力度空前，树立起生态环境保护的"高压线"。党中央明确生态环境保护实行党政同责、一岗双责，严格落实领导干部生态文明建设责任制，强势开展中央生态环境保护两轮督察，坚决查处一批破坏生态环境的重大典型案件、解决一批人民群众反映强烈的突出环境问题。2015年至2020年，全国实施生态环境行政处罚案件93.06万件，罚款金额578.64亿元，对解决突出生态环境问题、促进经济高质量发展等发挥了关键作用。党中央着力推进污染防治攻坚战，深入实施大气、水、土壤污染防治三大行动计划，打好蓝天、碧水、净土保卫战，开展农村人居环境整治，全面禁止进口"洋垃圾"。

生态保护修复成效显著。 坚持山水林田湖草是一个生命共同体，全面加大生态系统保护力度。通过采取全面停止天然林商业性采伐、实施沙化土地封禁保护区试点、加大退耕还林还草退牧还草工程力度、全面停止新增围填海、推进大规模国土绿化等一系列重要举措，森林、草原、湿地等重要生态功能区得到休养生息，着力补齐生态短板。通过加快构建生态功能保障基线、环境质量安全底线、自然资源利用上线等"三大红线"，全方位、全地域、全过程开展生态环境保护建设，取得了明显成效。中国成为世界利用新能源第一大国和世界节能进步最快的国家。2013—2019年，中国煤炭消费占能源消费总量比重降低10.8个百分点，天然气、水电等清洁能源消费量占比提高8.9个百分点；截至2020年，碳强度较2005年降低48.4%，大大超额完成到2020年气候行动的目标。中国成为世界上治理污染最快的国家。2019年，北京PM2.5年均浓度创下2013年监测以来的最低值，全国重点城市PM2.5平均浓度比2013年下降43%。[1]到2020年，全国重点城市PM2.5平均浓度每立方米33微克，比2013年下降54%；全国337个地级及以上城市空气质量优良天数比率达到87%，比2015年上升5.8个百分点；全国七大流域水质优良（Ⅰ～Ⅲ类）断面比例为87.4%，比2011年上升23.2个百分点；劣Ⅴ类断面比例为0.2%，比2011年下降17个百分点；全国地表水优良水体比例为83.4%，比2015年提高17个百分点，长江干流实现全优水体。

绿色生产生活方式逐渐形成。在生态文明建设深入推进的实践中，绿色发展方式加快形成。实行资源总量和强度双控制度，严守水资源红线，严控新增建设用地规模；推动能源生产和消费革命，能源结构调整不断加快；大幅提高生态环保标准，倒逼传统产业改造升级，加快发展节能环保产业和循环经济；稳步发展绿色信贷、绿色债券、绿色保险等绿色金融产品，开展碳排放权、排污权交易等试点，引导社会资本更多投入绿色产业。伴随着绿色发展方式的推进，绿色生活方式日益成为人们的普遍共识和共同追求。通过倡导简约适度、绿色

---

[1]《人不负青山，青山定不负人》，《人民日报》2020年8月10日。

低碳的生活方式，反对奢侈浪费和不合理消费，引导形成文明健康的生活风尚，"光盘行动"、低碳出行等倡议得到全社会积极响应，贯彻绿色健康生活的自觉性和主动性显著增强。2021年，全国森林覆盖率超过23%，全国地级以上城市空气质量优良天数比率为87.5%，地表水优良水质断面比例达到84.9%，全国城市和县城生活垃圾基本实现无害化处理，绿水青山就是金山银山理念深入人心。

积极参与全球环境与气候治理。我国率先发布《中国落实2030年可持续发展议程国别方案》，实施《国家应对气候变化规划（2014—2020年）》。2015年12月，中国积极推动联合国气候变化巴黎大会达成《巴黎协定》这一历史性文件。在2016年二十国集团领导人杭州峰会期间，习近平主席代表中国政府正式向联合国交存了《巴黎协定》批准文书。自2013年以来，中国政府实施积极应对气候变化国家战略，积极采用了推广应用清洁能源与实施重大生态工程的措施，碳减排成效明显，排放增速基本为零，提前三年实现"2020年单位GDP排放强度下降40%—45%"的指标承诺。中国基于推动构建人类命运共同体的责任担当和实现可持续发展的内在要求，宣布力争2030年前实现碳达峰、2060年前实现碳中和。在《联合国气候变化框架公约》第二十六次缔约方大会（COP26）开幕前，中方发布了《关于完整准确全面贯彻新发展理念做好碳达峰碳中和工作的意见》和《2030年前碳达峰行动方案》，未来还将陆续发布能源、工业、建筑、交通等重点领域和煤炭、电力、钢铁、水泥等重点行业的实施方案，出台科技、碳汇、财税、金融等保障措施，形成碳达峰、碳中和"1+N"政策体系，明确时间表、路线图、施工图。大会期间，中方始终以建设性态度同有关各方积极沟通磋商，为大会达成决议文件《巴黎协定》实施细则作出了积极贡献，体现了负责任大国的担当。此外，中国近年来采取一系列有力政策措施，推动生物多样性保护取得显著成效，认真落实《生物多样性公约》"爱知目标"。目前，中国已建立各类自然保护地近万处，约占陆域国土面积的18%，实现"爱知目标"所确定的17%的要求。90%的陆地生态系统类型和71%的国家重点保护野生动植物物种得到有效保护。作为全球生态文明建设的参与者、贡献者、引领者，中国将坚定不移走生态优先、绿色低碳的高质量发展道路，持续为应对全球气候变化和地球环境保护作出贡献。

综上所述，以习近平同志为核心的党中央坚持统筹推进"五位一体"总体布局，大力推动中国特色社会主义事业全面发展、全面进步，促进形成经济富裕、政治民主、文化繁荣、社会公平、生态良好的发展格局，谱写了中国社会主义现代化建设的壮丽篇章。

第四章

☆ ☆ ★ ☆ ☆

全面深化改革取得重大突破

全面深化改革是"四个全面"战略布局的重要组成部分，是决定当代中国命运的关键一招。党的十八大以来，面对艰巨复杂的改革任务，以习近平同志为核心的党中央以巨大的政治勇气和智慧，提出全面深化改革的总目标和路线图，出台一系列重大措施和改革方案，着力增强改革系统性、整体性、协同性，着力抓好重大制度创新，重要领域和关键环节改革取得突破性进展，主要领域改革主体框架基本确立，全面深化改革取得了重大进展和辉煌成就，党和国家各项事业发生了历史性变革，为实现"两个一百年"奋斗目标和中华民族伟大复兴的中国梦提供了强大动力。

全面深化改革取得重大突破

一、提出全面深化改革的路线图和时间表

1. 党的十八届三中全会，审议通过了《中共中央关于全面深化改革若干重大问题的决定》
2. 提出全面深化改革的总目标是完善和发展中国特色社会主义制度，推进国家治理体系和治理能力现代化
3. 明确了全面深化改革的路线图
4. 明确了共60条、330多项重大改革举措

二、形成深化改革强有力的保障机制

1. 2013年12月，成立中央全面深化改革领导小组
2. 2016年第一次中央深改组会议，清晰划分了各类改革主体的责任
3. 2017年10月，党的十九大将"全面深化改革"列入新时代坚持和发展中国特色社会主义的基本方略
4. 2018年3月，中央深改组改为"中央全面深化改革委员会"

三、重点领域和关键环节改革取得突破性进展

1. 围绕处理好政府和市场关系深化经济体制改革
2. 围绕坚持党的领导、人民当家作主、依法治国有机统一深化政治体制改革
3. 围绕培育社会主义核心价值体系、建设社会主义文化强国深化文化体制改革
4. 围绕更好保障和改善民生、促进社会公平正义深化社会体制改革
5. 围绕建设美丽中国深化生态文明体制改革
6. 围绕强军目标深化国防和军队体制改革
7. 围绕提高长期执政能力深化党的建设制度改革

四、深化改革开辟"中国之治"新境界

1. 制度优势进一步彰显
2. 市场主体活力持续释放
3. 民生保障短板弱项进一步补齐
4. 美丽中国建设迈出重大步伐
5. 全方位高水平开放型经济加快形成
6. 国防实力和经济实力同步提升

五、全面深化改革的经验启示

1. 必须坚持党的全面领导
2. 必须坚持以人民为中心
3. 必须坚持中国特色社会主义道路
4. 必须坚持以开放促改革
5. 必须坚持正确改革方法论

一、提出全面深化改革的路线图和时间表

党的十一届三中全会以来，我国改革开放走过波澜壮阔的历程。从农村到城市，从经济、政治、文化、社会到生态文明和党的建设，范围不断拓展，内容持续深化，取得举世瞩目的成就。随着实践发展，一些深层次体制机制问题和利益固化的藩篱日益显现，我国改革进入攻坚期和深水区。2012年党的十八大提出"全面深化改革开放"的目标，如何攻坚克难、深化改革，成为摆在以习近平同志为核心的党中央面前的一道考题。

2012年12月7日，当选中共中央总书记23天的习近平首次离开北京考察，便选择了中国改革开放的前沿深圳。这次调研之所以到广东来，就是要到在我国改革开放中得风气之先的地方，现场回顾我国改革开放的历史进程，将改革开放继续推向前进。当月底，

习近平总书记在主持中共中央政治局第二次集体学习时强调："没有改革开放，就没有中国的今天，也就没有中国的明天。改革开放中的矛盾只能用改革开放的办法来解决。"党中央深刻认识到，实践发展永无止境，解放思想永无止境，改革开放也永无止境，改革只有进行时、没有完成时，停顿和倒退没有出路，必须以更大的政治勇气和智慧推进全面深化改革，敢于啃硬骨头，敢于涉险滩，突出制度建设，注重改革关联性和耦合性，真枪真刀推进改革，有效破除各方面体制机制弊端。这是党中央对坚持改革开放的重要宣示，也是全面深化改革的动员令。

2013年11月召开的党的十八届三中全会对全面深化改革进行专题研究，全会审议通过了《中共中央关于全面深化改革若干重大问题的决定》。全会在全面总结改革开放三十五年来伟大成就和重要经验的基础上，对全面深化改革的战略重点、优先顺序、主攻方向、工作机制、推进方式和时间表、路线图进行了总部署，描绘了全面深化改革的宏伟蓝图。这是自党的十一届三中全会以来，又一次围绕改革设立的宏大目标，改革理论和政策实现一系列新的重大突破，开启了全面深化改革、系统整体设计推进改革的新时代，对推动中国特色社会主义事业发展产生重大而深远的影响。

全会指出，全面深化改革的总目标是完善和发展中国特色社会主义制度，推进国家治理体系和治理能力现代化。全会要求，到2020年在重要领域和关键环节改革上取得决定性成果，形成系统完备、科学规范、运行有效的制度体系，使各方面的制度更加成熟更加定型。①为此，要坚持改革的正确方向，以促进社会公平正义、增进人民福祉为出发点和落脚点，突出问题导向，聚焦进一步解放思想、解放和发展社会生产力、解放和增强社会活力，加强顶层设计和整体谋划，更加注重改革的系统性、整体性、协同性，加快发展社会主义市场经济、民主政治、先进文化、和谐社会、生态文明，让一切劳动、知识、技术、管理、资本的活力竞相迸发，让一切创造社会财富的源泉充分涌流，让发展成果更多更公平惠及全体人民。这些基本原则的确立，充分体现了以习近平同志为核心的党中央全面深化改革的新理念新思想新战略。

全会明确了全面深化改革的路线图。一是紧紧围绕使市场在资源配置中起决定性作用深化经济体制改革，坚持和完善基本经济制度，加快完善现代市场体系、宏观调控体系、开放型经济体系，加快转变经济发展方式，加快建设创新型国家，推动经济更有效率、更加公平、更可持续发展。二是紧紧围绕坚持党的领导、人民当家作主、依法治国有机统一深化政治体制改革，加快推进社会主义民主政治制度化、规范化、程序化，建设社会主义法治国家，发

---

① 《中共中央关于全面深化改革若干重大问题的决定》，《人民日报》2013年11月16日。

展更加广泛、更加充分、更加健全的人民民主。三是紧紧围绕社会主义核心价值体系、社会主义文化强国深化文化体制改革,加快完善文化管理体制和文化生产经营体制,建立健全现代公共文化服务体系、现代文化市场体系,推动社会主义文化大发展大繁荣。四是紧紧围绕更好保障和改善民生、促进社会公平正义深化社会体制改革,改革收入分配制度,促进共同富裕,推进社会领域制度创新,推进基本公共服务均等化,加快形成科学有效的社会治理体制,确保社会既充满活力又和谐有序。五是紧紧围绕建设美丽中国深化生态文明体制改革,加快建立生态文明制度,健全国土空间开发、资源节约利用、生态环境保护的体制机制,推动形成人与自然和谐发展现代化建设新格局。六是紧紧围绕提高科学执政、民主执政、依法执政水平深化党的建设制度改革,加强民主集中制建设,完善党的领导体制和执政方式,保持党的先进性和纯洁性,为改革开放和社会主义现代化建设提供坚强政治保证。

全会明确了共60条、330多项重大改革举措,涉及的范围之广、力度之大,均前所未有,体现出改革由局部探索、破冰突围到系统集成、全面深化的深刻转变。其中涉及的几个重大问题和重点举措包括:使市场在资源配置中起决定性作用和更好发挥政府作用;坚持和完善基本经济制度;深化财税体制改革;健全城乡发展一体化体制机制;推进协商民主广泛多层制度化发展;深化司法体制和运行机制改革;健全反腐败领导体制和工作机制;加强完善互联网管理领导体制;设立国家安全委员会;健全国家自然资源资产管理体制和完善自然资源监管体制；中央成立全面深化改革领导小组。全会强调，全党同志要把思想和行动统一到中央关于全面深化改革重大决策部署上来，增强进取意识、机遇意识、责任意识，牢牢把握方向，大胆实践探索，注重统筹协调，凝聚改革共识，落实领导责任，坚定不移实现中央改革决策部署。可以说，党的十八届三中全会发出了中国改革"再出发"的总宣示、总部署、总动员，全面深化改革大幕由此拉开。

二、形成深化改革强有力的保障机制

全面深化改革离不开强有力的保障机制。为了加强对全面深化改革的统一领导，2013年12月召开的中共中央政治局会议，决定成立由习近平总书记担任组长的中央全面深化改革领导小组，"负责改革总体设计、统筹协调、整体推进、督促落实，就是为了更好发挥党总揽全局、协调各方的领导核心作用，保证改革顺利推进和各项改革任务落实"。在中央层面成立集中统一权威的改革领导机构，并由党的最高领导人亲自挂帅，这在我们党的历史上尚属首次，体现了中国改革大业的重要性、艰巨性和严肃性。

2014年1月，中央全面深化改革领导小组召开第一次会议。会议审议通过了《中央全面深化改革领导小组工作规则》《中央全面深化改革领导小组专项小组工作规则》《中央全面深化改革领导小组办公室工作细则》；审议通过了中央全面深化改革领导小组下设经济体制和生态文明体制改革、民主法制领域改革、文化体制改革、社会体制改革、党的建设制度改革、纪律检查体制改革6个专项小组名单。领导小组组长习近平同志讲话强调,中央全面深化改革领导小组的责任,就是要把党的十八届三中全会提出的各项改革举措落实到位。领导小组要善于观大势、谋大事,站在国内国际两个大局、党和国家工作大局、全面深化改革全局来思考和研究问题。他指出:专项小组、中央改革办、牵头单位和参与单位,要建好工作机制,做到既各司其职、各负其责又加强协作配合,形成工作合力;各省区市要尽快建立全面深化改革领导小组,有关部委的改革责任机制也要尽快建立起来,并同领导小组形成联系机制,保证把各项改革举措落到实处。之后,习近平总书记多次强调,要把不同改革主体责任划分清楚、明确下来,理清责任链条,拧紧责任螺丝,提高履责效能,以责促行、以责问效。

充分发挥党总揽全局、协调各方的领导核心作用,不断提高党的领导水平和执政能力,是改革取得成功的根本保障。2016年的第一次中央深改组会议,清晰划分了各类改革主体的责任。专项小组对本领域改革负有牵头抓总,特别是协调解决矛盾的责任,既要抓统筹部署,也要抓督察落实;改革牵头部门是落实中央部署具体改革任务的责任主体。地方党委对本地区全面深化改革承担主体责任,党委书记作为第一责任人,既要挂帅,又要出征。要抓好部门和地方两个责任主体,把改革责任理解到位、落实到位,抓紧抓实改革方案制定、评估、督察、落实等各个环节,做到全程跟进、全程负责、一抓到底。

习近平总书记亲自挂帅，定期召开领导小组（委员会）会议，统一思想认识、谋划整体部署、审议重大改革方案、分析改革形势、推动改革落实，为全面深化改革提供了强有力的政治保障。在一系列活动和讲话中，他强调改革开放是我们党的历史上一次伟大觉醒，改革也是一场深刻的革命，涉及重大利益关系调整，涉及各方面体制机制完善。现在我国改革已经进入攻坚期和深水区，我们必须以更大的政治勇气和智慧，不失时机深化重要领域改革。他指出，我们要坚持改革开放正确方向，敢于啃硬骨头，敢于涉险滩，既勇于冲破思想观念的障碍，又勇于突破利益固化的藩篱。

除了加强党的领导之外，改革推进的保障机制也有了大的加强。在法治保障方面，习近平总书记在深改组第二次会议上的讲话中指出："凡属重大改革都要于法有据。在整个改革过程中，都要高度重视运用法治思维和法治方式，发挥法治的引领和推动作用，加强对相关立法工作的协调，确保在法治轨道上推进改革。"[①] 在路线保障方面，习近平总书记多次强调，改

---

① 《习近平关于全面深化改革论述摘编》，中央文献出版社2014年版，第153页。

革必须保持战略定力，"保持政治坚定性，明确政治定位"，"我们的改革开放是有方向、有立场、有原则的"，"既不走封闭僵化的老路，也不走改旗易帜的邪路"；要增强政治定力，坚守政治原则和底线，决不能在根本性问题上出现颠覆性错误。在组织保障方面，习近平总书记强调："改革推进到哪里，督察就跟进到哪里。"要以钉钉子的精神强化督察，靠督察打通关节、疏通堵点、提高质量；要以强有力的督察问责确保党中央确定的改革方向不偏离、党中央明确的改革任务不落空，不断提高改革的精准化、精细化水平。自2013年成立后，中央深改组共召开过38次会议。每次深改组会议通过的改革方案，都代表着"群众有所呼，改革有所应"的方向和深度。总体看，经过五年不懈努力，党的十八届三中全会提出的336项重大改革举措中95%出台了实施方案，"到2020年，在重要领域和关键环节改革上取得决定性成果"的目标也完成大半。

2017年10月召开的党的十九大，将"全面深化改革"列入新时代坚持和发展中国特色社会主义的基本方略，明确为习近平新时代中国特色社会主义思想的重要内涵。站在新的历史起点，党中央对全面深化改革取得的重大突破作出集中阐释，就重要领域和关键环节改革作出新的部署。随后，新一届深改组议事人员发生调整，冠以"第十九届"进行区分，共计召开两次会议。2017年11月20日，十九届中央全面深化改革领导小组第一次会议召开，审议通过了《关于贯彻落实党的十九大精神坚定不移将改革推向深入的工作意见》《中央全面深化改革领导小组工作总结》《中央全面深化改革领导小组工作规则（修订稿）》《中央全面深化改革领导小组专项小组工作规则（修订稿）》《中央全面深化改革领导小组办公室工作细则（修订稿）》《关于加大督察力度狠抓改革落实情况的报告》等17个改革文件。习近平总书记在会议讲话中明确提出三个"不能变"的原则，强调要着力增强改革的系统性、整体性、协同性，保持工作力度和连续性，有计划有秩序推进落实。2018年1月召开的中央全面深化改革领导小组第二次会议，重点对《党的十九大报告重要改革举措实施规划（2018—2022年）》中的158项改革举措进行研究落实，列明牵头单位、改革起止时间、改革目标路径、成果形式等要素，形成了未来五年全面深化改革的"大施工图"，立下"确保到2022年全面完成党的十九大提出的目标任务"的军令状。

2018年3月，中共中央印发了《深化党和国家机构改革方案》，决定将"中央全面深化改革领导小组"改为"中央全面深化改革委员会"，进一步加强和改善党对全面深化改革统筹领导，强化对重大改革决策的顶层设计、总体布局、统筹协调、整体推进、督促落实。由"组"变"委"，既反映出改革的复杂性、敏感性、艰巨性更加突出，也体现了党中央将改革进行到底的坚强决心。3月28日，中央全面深化改革委员会首次亮相，向全党全社会释放了以更大力度、更实措施推进全面深化改革的强烈信号，也掀开了中国改革浓墨重彩的新篇章。到2021年12月，中央全面深化改革委员会已召开过23次会议，不失时机推进重大全局性改革，宪法修改、深化党和国家机构改革、海南全面深化改革开放、雄安新区建设、扩大对外开放、乡村振兴、国有企业、农村宅基地、生态保护和修复、构建新发展格局、建设全国统一大市场、提高政府监管效能等关键领域的90多项改革全面出台，彰显着改革重点再聚焦，钢牙啃硬骨、重拳破沉疴的空前力度。

党的十九大后，习近平总书记一如既往，对重要改革亲自部署、重大改革方案亲自把关、改革落实情况亲自过问，引领全面深化改革开创崭新局面。为进一步推动各项改革举措尽快落地见效，改革督察持续发力突出重点、挂牌督战，改革推进到哪里督察就跟进到哪里。其间，中央改革办迅速组织对山东、黑龙江、四川、广东等地改革任务落实情况进行全面督察，还对青少年校园足球工作情况、围填海管控办法落实情况、法官检察官员额制改革落实情况等进行了专项督察。督察人员深入一线召开座谈会、查看台账，实地查看社区、企业、农村等改革推进和落实情况，既有效发掘了一批基层抓改革落实的有益经验，也如实反映了一些地方存在的改革认识不清、落实不力等问题，既严肃批评工作不足又明确提出整改建议，推动相关改革不断落地开花。改革督察真刀真枪推动改革落地生根，一处处改革险滩正在不断突破，深化改革的任务蓝图不断变为现实，改革活力正在日益迸发。

党的十八届三中全会以来，以习近平同志为核心的党中央，以"明知山有虎，偏向虎山行"的勇气，以"图难于其易，为大于其细"的智慧，以"咬定青山不放松"的决心，科学谋划改革大棋局，精心部署改革任务，严明责任狠抓落实，全面深化改革呈现全面发力、统筹协调、重点突破、纵深推进的良好态势。在 2021 年全国政协新年茶话会上，习近平总书记郑重宣告"中共十八届三中全会提出的改革目标任务总体如期完成"。截至 2021 年 11 月底，中央全面深化改革领导小组（委员会）累计召开 63 次会议，共推出了 2500 多个改革方案，实施了一大批重大改革举措。

三、重点领域和关键环节改革取得突破性进展

党的十八大以来，我们冲破思想观念的束缚，突破利益固化的藩篱，破除各方面体制机制弊端，用行动宣示了在新时代将改革开放进行到底的坚定决心，走过了一段气势如虹、波澜壮阔的改革进程，主要领域改革主体框架基本确立，重点领域和关键环节改革取得突破性进展。

围绕处理好政府和市场关系深化经济体制改革。 一是市场准入负面清单制度全面实施。2018 年 12 月，经中共中央、国务院批准，国家发展改革委、商务部发布《市场准入负面清单（2018 年版）》，清单之外的行业、领域、业务等，各类市场主体皆可依法平等自主选择是否进入，推动实现"非禁即入"。这项重大制度创新，体现了我国建设更高水平社会主义现代化市场经济体系的信心和决心。二是商事制度改革深入推进，极大地激发了市场主体活力，有力促进了营商环境的优化。2021 年 10 月底，我国市场主体数量达到 1.5 亿户，个体工商户数量也突破 1 亿户，日均新设企业 2.23 万

户。千人企业数量达35.4户，较商事制度改革前的2013年11.36户增长了212%。世界银行《2020年全球营商环境报告》显示，我国营商环境总体评价在190个经济体中位列31位，较2013年上升了60个位次，成为营商环境改善最大的经济体之一。三是国有企业改革不断向纵深推进，重点难点问题不断取得新突破。党的十八大以来，我国国有企业混合所有制改革步伐加快、领域拓宽，多数国企已在资本层面实现混合。2013年以来，中央企业累计实施混改4000多项，引入社会资本超过1.5万亿元。截至2020年底，中央企业混合所有制企业的户数占比超过70%，比2012年底提高近20个百分点；地方国有企业混合所有制户数占比54%，引入社会资本超过7000亿元。电力、民航、电信、军工等重点领域的混合所有制改革试点稳步推进，上市公司已成为央企混改的主要载体，中央企业控股的上市公司资产总额、利润分别占央企整体的67%和88%。[1]国有资本和其他各类所有制资本取长补短、相互促进、共同发展的良好局面不断深化。四是深入推进价格领域"放管服"改革。农产品、资源能源、医药、

---

[1] 《2020年中央企业实施混改900余项 引入社会资本超2000亿元》，中国政府网，http://www.gov.cn/xinwen/2021-01/19/content_5581133.htm，2021年1月19日。

交通运输等重点领域价格改革不断深化，市场决定价格机制基本建立，少数仍由政府定价的自然垄断行业和公共服务领域也初步建立了以"准许成本＋合理收益"为核心的科学定价制度，企业价费负担大幅降低。围绕使市场在资源配置中起决定性作用和更好发挥政府作用，经济体制改革整体推进、重点突破，社会主义市场经济体制不断完善，激发发展动力和创新活力的作用逐步显现。五是坚持和完善社会主义基本经济制度，毫不动摇巩固和发展公有制经济，毫不动摇鼓励、支持、引导非公有制经济发展；正确认识和把握资本的特性和行为规律，为资本设置"红绿灯"，依法加强对资本的有效监管，防止资本无序扩张和野蛮生长。

围绕坚持党的领导、人民当家作主、依法治国有机统一深化政治体制改革。 2012年12月，习近平总书记在首都各界纪念宪法公布施行30周年大会上，概括了中国特色社会主义政治发展道路的核心内涵，即"坚持党的领导、人民当家作主、依法治国有机统一"。2014年9月，在庆祝全国人民代表大会成立60周年大会上，习近平总书记系统阐述了中国特色社会主义政治发展道路的历史逻辑、理论逻辑、实践逻辑，深刻总结了中国特色社会主义政治制度的优势和特点。在庆祝中国人民政治协商会议成立65周年大会上，习近平总书记进一步阐释了社会主义协商民主的来源、意义以及如何推进社会主义协商民主等重大问题。2015年1月，中共中央印发《关于加强社会主义协商民主建设的意见》，为构建程序合理、环境完整的社会主义协商民主体系作出顶层设计。同年6月，中共中央印发《中国共产党党组工作条例（试行）》，这是党组工作方面的第一部专门党内法规，成为规范党组设立和运行、确保党的全面领导的遵循。2018年3月，中共中央印发《深化党和国家机构改革方案》，党和国家机构改革力度之大、改革推进之平稳顺利是少有的。2019年10月，党的十九届四中全会不仅系统集成了党的十八届三中全会以来全面深化改革的理论成果、制度成果、实践成果，而且对新时代全面深化改革勾勒出更加清晰的顶层设计。全会审议通过的《中共中央关于坚持和完善中国特色社会主义制度、推进国家治理体系和治理能力现代化若干重大问题的决定》，系统总结了我国国家制度和国家治理体系的巨大成就和13个显著优势，明确了在我国国家制度和国家治理体系建设上的13个"坚持和完善"，重点部署了坚持和完善支撑中国特色社会主义制度的根本制度、基本制度、重要制度。全会既阐明了必须牢牢坚持的重大制度和原则，又部署了推进制度建设的重大任务和举措，为推动各方面制度更加成熟更加定型明确了时间表、路线图。2019年11月和2020年4月，中央全面深化改革委员会先后审议通过了《中央有关部门贯彻落实党的十九届四中全会〈决定〉重要举措分工方案》《党的十九届四中全会重要改革举措实施规划（2020—2021年）》等重要文件，制定了落实各项工作任务的施工图。各地区各部门按照中央统一部署，一体推进坚持和巩固制度、完善和发展制度、遵守和执行制度，推进社会主义政治理论和实践发展进入了新境界。十年来，我国坚持人民主体地位，推进人民代表大会制度理论和实践创新，发挥人民代表大会制度的根本政治制度作用；统筹推进政党协商、人大协商、政府协商、政协协商、人民团体协商、基层协商以及社会组织协商，推动协商民主广泛多层制度化发展；逐渐发展起全过程人民民主的新形态，致力于过程民主和成果民主、程序民主和实质民主、直接民主和间接民主的有机结合，把民主选举、民主协商、民主决策、民主管理、民主监督等环节彼此贯通起来，把选举民主和协商民主两个积极性充分调动起来，让中国人民全程、有效、深入地表达自身利益诉求，更好地实现了公民的民主权利与国家治理效能的统一。社会主义民主政治制度化、规范化、程序化全面推进，中国特色社会主义政治制度优越性得到更好发挥，生动活泼、安定团结的政治局面得到巩固和发展。

围绕培育社会主义核心价值体系、建设社会主义文化强国深化文化体制改革。党的十八大和十八届三中、四中、五中、六中全会都对文化建设作出重大部署，中央政治局会议、中央政治局常委会会议、中央深改工作领导小组会议等多次研究文化建设重大问题。一是加强顶层设计，文化体制改革纵深推进。在习近平总书记建设文化强国讲话精神指引下，先后制定《深化文化体制改革实施方案》，编制《国家"十三五"时期文化发展改革规划纲要》，出台"两个效益"相统一、媒体融合发展、特殊管理股试点、新闻单位采编播管岗位人事管理制度改革、采编和经营两分开、文艺评奖改革、构建现代公共文化服务体系、实施中华优秀传统文化传承发展工程、国际传播能力建设等40多个改革文件，细化了改革的路线图、时间表、任务书,搭建起文化制度体系的"梁"和"柱"。在此基础上,建立任务台账、加强督察问效,确保各项改革任务落地生根。截至党的十九大前,党的十八届三中、四中、五中、六中全会确定的104项文化体制改革任务已完成100项,其余4项也在抓紧推进之中。二是坚持正确政治方向、舆论导向、价值取向,着力统一思想、凝聚共识,我国意识形态领域形势发生全局性、根本性转变。党中央就意识形态领域许多方向性、战略性问题作出部署,确立和坚持马克思主义在意识形态领域指导地位的根本制度,健全意识形态工作责任制,推动全党动手抓宣传思想工作,守土有责、守土负责、守土尽责,敢抓敢管、敢于斗争,旗帜鲜明反对和抵制各种错误观点。从正本清源入手加强宣传思想工作,分别召开文艺工作、党的新闻舆论工作、网络安全和信息化工作、哲学社会科学工作座谈会和全国高校思想政治工作会议,就一系列根本性问题阐明原则立场,廓清了理论是非,校正了工作导向。高度重视传播手段建设和创新,健全互联网领导和管理体制,推动媒体融合发展,提高新闻舆论传播力、引导力、影响力、公信力,占领互联网这个意识形态斗争的主阵地、主战场、最前沿。三是广泛弘扬向上向善的新风正气,社会主义核心价值观深入人心。加快推动优秀传统文化创造性转化创新性发展,反映中国道路、中国精神、中国力量的精品力作大量涌现,中华优秀传统文化焕发出新的生命力创造力,人民群众的文化自信心大大增强。以爱国主义为核心的民族精神和以改革创新为核心的时代精神有力彰显,讲道德、尊道德、守道德,国民素质和社会文明程度进一步提升。坚持为了人民、依靠人民，生动书写人民的实践，热情讴歌人民的业绩，真切抒发人民的情怀，文化发展成果更多惠及人民群众，以人民为中心的工作导向、创作导向鲜明有力。四是鼓励各类市场主体公平竞争、优胜劣汰，建立健全现代文化市场体系。2015年9月，中办、国办印发《关于推动国有文化企业把社会效益放在首位、实现社会效益和经济效益相统一的指导意见》，明确提出"社会效益指标考核权重应占50%以上"，"探索建立党委和政府监管有机结合、宣传部门有效主导"的国有文化资产管理体制等重大举措，将"两个效益"相统一的原则要求转化为具体制度设计。同时，深化国有文化企业改革，开展国有控股上市文化公司股权激励试点、国有文化企业职业经理人制度试点，探索建立健全有文化特色的现代企业制度；推动文化企业跨地区、跨行业、跨所有制兼并重组，提高文化产业规模化、集约化、专业化水平，现代文化市场体系和现代文化产业体系更加健全。五是促进标准化均等化发展，构建现代公共文化服务体系。着眼于实现文化小康，坚持政府主导、社会参与、重心下移、共建共享，加快构建现代公共文化服务体系，更好保障人民群众基本文化权益。其中一个重要制度设计和工作抓手，就是促进基本公共文化服务标准化、均等化。2015年中办、国办印发《关于加快构建现代公共文化服务体系的意见》，首次把标准化、均等化作为重要制度设计和工作抓手；2016年公共文化服务保障法颁布，首次以法律形式规范和界定了各级政府及有关部门在公共文化服务中的责任和义务，将公共文化建设纳入法治化、规范化轨道。针对基层公共文化资源分散、服务效能不高等问题，国务院制定了《关于推进基层综合性文化服务中心建设的指导意见》，把乡镇和村级的党员教育、科学普及、普法教育、体育健身等设施资源整合起来，建设基层综合性文化服务中心，实现"一站式"服务。各地积极探索，形成了各具特点、便捷高效的基层文化建设模式，补齐了公共文化服务这块短板，更好地保障了人民基本文化权益。

围绕更好保障和改善民生、促进社会公平正义深化社会体制改革。党的十八大以来，全面深化改革始终遵循以人民为中心的价值导向，注重各领域协调统筹，发挥"一加一大于二"的改革共振效应，避免某些改革步调失衡导致百姓利益受损，把解决人民群众关心的重点难点问题作为改革突破口。一是守底线、强基础，民生改革坚持全覆盖。立足分级诊疗、医药分开、基本医保全面联网等医疗改革基础，推出完善全科医生培养与使用激励机制、仿制药供应保障及使用政策等改革举措，城乡居民养老、医疗等保障水平不断提升，缓解看病贵、看病难。多项扶助低收入群体、残疾人群体的政策出台，最低生活保障、特困人员供养、临时救助等制度第一次以行政法规形式予以明确，使得民生领域各种"冰点"不断消融、"难点"开始破题。规范校外培训机构发展、深化义务教育向学前教育拓展，养老保险基金中央调剂、医疗保障基金陆续推开，使得民生"底线"加紧筑牢、"保障网"更为坚实。二是谋全局、共发展，民生改革坚持五位一体。户籍改革有了实质性推进，为填平城乡鸿沟、推动公共服务均等化进程、推进以人为核心的新型城镇化扫除障碍；"大气十条""水十条"接连落地，"土十条"全面实施，使建设青山常在、绿水长流、空气常新的美丽中国有了铁腕护法；司法体制改革不断扩面，公开、透明的举措努力让人民群众"在每一个司法案件中都感受到公平正义"。经济稳中求进、民主政治新气象、文化事业大繁荣、社会建设求创新、绿水青山总相宜的全景式变革，使人民群众亲身体验着民生"五位一体"全面改善。三是破藩篱、促公平，民生改革坚持共建共享。民生改革勇于打破固有利益格局，充分回应百姓公平诉求：探索租赁房屋常住人口在城市公共户口落户打破了限制人口自由流动的壁垒和羁绊，31个省市实施随迁子女"异地高考"让社会成员获得"起点公平"；国企高管降薪限高、机关事业单位养老保险制度改革，使居民"收入公平"向前迈进一大步；工商登记制度改革、对小微企业减免税费，让弱小市场主体在竞争中拥有"机会公平"。通过打破制度藩篱、促进公平正义，经济发展更加强调共享、强调获得感，让普通百姓更多分享到改革发展的成果。四是政策靶向精准，因症施治除顽疾。直面居民看病难、看病贵问题，持续深化公立医院改革，逐步扩大医保报销范围，不断降低群众医药费用负担；回应百姓对食品安全关切，多次修订食品安全法，保障群众餐桌上的安全；推动电信、公共交通、水电煤气等公共产品和服务的价格改革，降低居民生活成本。针对办事难、创业难问题，国务院每年出台简政放权刚性指标，党的十九大前五年间共取消和下放800多项行政审批事项，开展一站式办理、信息公开、阳光操作，用政府权力的"减法"换取民生改善的"乘法"；通过改革促进营商环境便利化、服务方式智能化、市场监管精准化，有效规范了政府权力，化解了市场主体的"堵点""难点"和"痛点"，激发了市场活力，不仅为经济发展增添动力，也让更多人拥有了改变命运、人生出彩的机会。农村承包地"三权分置"改革、农村土地征收、集体经营性建设用地入市、宅基地制度改革试点等一系列重大制度创新接续推进，催生出乡村振兴的巨大内生动力。回应养老难问题，民生事业管理方式、服务手段的创新，政府借力市场弥补养老、医疗等公共服务缺口，减轻了"老年社会"带来的冲击。党的十八大以来，以习近平同志为核心的党中央始终把人民利益摆在至高无上的地位，全面推进幼有所育、学有所教、劳有所得、病有所医、老有所养、住有所居、弱有所扶，社会事业改革凸显成色十足的"含金量"，人民群众的幸福感、获得感、安全感显著提升。

围绕建设美丽中国深化生态文明体制改革。党的十八大把生态文明建设纳入中国特色社会主义事业五位一体总体布局，明确提出大力推进生态文明建设。2013年11月，党的十八届三中全会提出加快建立系统完整的生态文明制度体系，习近平总书记全面、清晰地阐述了生态文明制度体系的构成及其改革方向、重点任务。2014年2月，中央全面深化改革领导小组审议通过了《关于经济体制和生态文明体制改革专项小组重大改革的汇报》，围绕中央对生态文明制度建设的部署，各地区积极行动，生态文明体制改革迎难而上，积极试点、稳慎探路。此后，党的十八届四中全会要求用严格的法律制度保护生态环境，党的十八届五中全会将绿色发展纳入新发展理念。2015年9月，中共中央、国务院出台《生态文明体制改革总体方案》，开始系统部署推进生态文明建设特别是体制改革工作，提出到2020年，构建起由自然资源资产产权制度、国土空间开发保护制度、空间规划体系、资源总量管理和全面节约制度、资源有偿使用和生态补偿制度、环境治理体系、环境治理和生态保护市场体系、生态文明绩效评价考核和责任追究制度等八项制度构成的产权清晰、多元参与、激励约束并重、系统完整的生态文明制度体系。党的十八大以来，以习近平同志为核心的党中央将建设生态文明、推进绿色发展视为关系人民福祉、关乎民族未来的长远大计，融入治国理政宏伟蓝图，陆续通过40多项涉及生态文明建设的改革方案，推动全面深化生态环保领域改革。一是构建生态文明制度体系，用最严格制度保护生态环境。组织实施主体功能区战略，建立健全自然资源资产产权制度、国土空间开发保护制度、生态文明建设目标评价考核制度和责任追究制度等一系列重要制度；制定修订环境保护法、大气污染防治法、水污染防治法、土壤污染防治法、固体废物污染环境防治法等多部法律法规，对环境污染和生态破坏界定入罪标准，加大惩治力度；中央生态环境保护督察制度全面推开，成为推动各地区各部门落实生态环境保护责任的硬招实招；加强对生态文明建设的总体设计和组织领导，组建生态环境部统一行使生态和城乡各类污染排放监管与行政执法职责，组建自然资源部统一履行所有国土空间用途管制和生态保护修复职责；完善生态文明领域统筹协调机制，健全党委领导、政府主导、企业主体、社会组织和公众参与的现代环境治理体系，构建一体谋划、一体部署、一体推进、一体考核的制度机制。二是推动划定和严守生态保护红线、环境质量底线、资源利用上线，形成生态环境保护的刚性约束。在重点生态功能区、生态环境敏感区和脆弱区等区域划定生态红线，确保生态功能不降低、面积不减小、性质不改变；科学划定并严格保护永久基本农田，确保耕地数量不下降、质量不降低；划定森林、草原、湿地、海洋等领域生态红线，有效遏制生态系统退化的趋势；确立环境保护党政同责、一岗双责，对生态破坏严重、环境质量恶化的区域严肃问责；在资源利用上线方面，把握好自然资源开发利用的度，不能突破自然资源承载能力。三是优化国土空间开发保护格局，构筑生态安全屏障。党中央立足资源环境承载能力，发挥各地区比较优势，确立城市化地区、农产品主产区、生态功能区三大空间格局，全面推进绿色发展，推动形成节约资源和保护环境的空间格局、产业结构、生产方式、生活方式；建立以国家公园为主体的自然保护地体系，加强大江大河和重要湖泊湿地及海岸带生态保护和系统治理，加大生态系统保护和修复力度，截至2017年底建成自然保护区2750处，加强生物多样性保护；持续开展大规模国土绿化行动，加快水土流失和荒漠化石漠化综合治理，深入实施退耕还林还草还湿，提升生态系统质量和稳定性。四是着力打赢污染防治攻坚战，集中力量攻克人民群众身边的突出生态环境问题。党中央持续推进精准治污、科学治污、依法治污，保持力度、延伸深度、拓宽广度，深入实施大气、水、土壤污染防治三大行动计划，打好蓝天、碧水、净土保卫战；开展农村人居环境整治，推进"厕所革命"和污水、垃圾收集处理，有序推进城镇生活垃圾分类；开展中央生态环境保护督察，坚决查处一批破坏生态环境的重大典型案件、解决一批人民群众反映强烈的突出环境问题。五是积极参与全球环境与气候治理，共谋全球生态文明建设之路。我国坚定践行多边主义，努力推动构建公平合理、合作共赢的全球环境治理体系；引领全球气候变化谈判进程，积极推动《巴黎协定》的签署、生效、实施；认真落实生态环境相关多边公约或议定书，率先发布《中国落实2030年可持续发展议程国别方案》，实施《国家应对气候变化规划（2014—2020年）》；大力推进绿色"一带一路"建设，启动"一带一路"绿色发展国际联盟，建立生态环保大数据服务平台；作出力争2030年前实现碳达峰、2060年前实现碳中和的庄严承诺，体现了负责任大国的担当。

围绕强军目标深化国防和军队体制改革。党的十八大以来，党中央站在统筹"两个大局"的战略高度，鲜明提出党在新时代的强军目标，加快国防战略谋划和军队现代化改革部署，为实现民族复兴提供战略支撑。一是及时召开古田全军政治工作会议，确立新时代政治建军方略，大力推进政治整训，坚决查处郭伯雄、徐才厚、房峰辉、张阳等严重违纪违法案件，着力整顿思想、整顿用人、整顿组织、整顿纪律，重振政治纲纪，纯正了政治生态。二是紧紧扭住全面从严治党、全面从严治军不放松，狠抓中央八项规定精神和军委十项规定落实，纠"四风"转作风，全面停止有偿服务，反腐败斗争取得压倒性胜利并全面巩固，挽救了人民军队。三是大刀阔斧全面深化改革，打响领导指挥体制改革、规模结构和力量编成改革、军事政策制度改革"三大战役"，形成军委管总、战区主战、军种主建新格局，打造以精锐作战力量为主体的军事力量体系，实现了我军整体性革命性重塑。四是大力纠治和平积弊，推进军事训练转型升级，狠抓军事斗争准备，大抓战斗精神培育，加速主战武器装备更新换代，全面提高了军队备战打仗能力。五是把强军兴军融入强国复兴大局，谋篇布局2027，前瞻运筹2035，深远经略2050，对走中国特色强军之路提出了清晰的路线图、时间表、任务书，按下了迈向世界一流军队的"快进键"。

围绕提高长期执政能力深化党的建设制度改革。加强和改善党的领导是全面深化改革取得成功的根本保证。深化党的建设制度改革是党的十八届三中全会提出的重大改革任务之一，要求"加强民主集中制建设，完善党的领导体制和执政方式，保持党的先进性和纯洁性""充分发挥党总揽全局、协调各方的领导核心作用"。2014年，中共中央办公厅印发《深化党的建设制度改革实施方案》，将党的组织制度、干部人事制度、基层组织建设制度、人才发展体制机制等四方面改革任务分解为26项改革举措。按照中央全面深化改革领导小组部署要求，党的建设制度改革紧紧围绕坚持党的领导、加强党的建设、全面从严治党，深化试点，制定实施了一批力度大、措施实、接地气的改革举措。一是重大制度建设成果不断推出。2015年12月,修订的《中国共产党地方委员会工作条例》开始施行;2016年10月,党的十八届六中全会审议通过了《关于新形势下党内政治生活的若干准则》和《中国共产党党内监督条例》,开启了全面从严治党的新征程;2019年4月,《中国共产党党组工作条例》正式施行。补空白、立新规,党内政治生活的政治性、时代性、原则性不断增强,为建设高素质党员队伍提供制度遵循,为发挥党的领导核心作用提供了重要支撑。二是党的组织建设明晰导向。2015年7月,中央印发《推进领导干部能上能下若干规定(试行)》。为推动形成良好的用人导向和制度环境,中央先后修订印发了《干部教育培训工作条例》《关于防止干部"带病提拔"的意见》《党委(党组)讨论决定干部任免事项守则》等,逐步形成了严格干部选拔任用的完整环节。坚持党管干部原则,坚持好干部标准,强化党组织领导和把关作用,把党组织领导把关贯穿干部工作各方面和全过程。以修订落实《党政领导干部选拔任用工作条例》为牵引,构建科学的选人用人机制,大力培养选拔党和人民需要的好干部。三是基层组织建设制度跟进创新。出台了国有企业、社会组织和中小学校、民办学校、中外合作办学等领域党的建设制度,薄弱环节基层组织建设得到加强。四是在人才发展体制机制方面,制定实施《关于深化人才发展体制机制改革的意见》,加强顶层设计,分类推进人才评价机制改革,提高人才评价的科学化水平。五是在完善党的领导制度方面,2016年党的十八届六中全会通过了《关于新形势下党内政治生活的若干准则》，严明党的政治纪律和政治规矩；2019年2月中共中央印发了《中国共产党重大事项请示报告条例》，建立执行民主集中制的有效工作机制；2019年10月党的十九届四中全会提出，要建立不忘初心、牢记使命的制度，完善坚定维护党中央权威和集中统一领导的各项制度，健全党的全面领导制度，健全为人民执政、靠人民执政各项制度，健全提高党的执政能力和领导水平制度，完善全面从严治党制度。十年来，党的建设制度改革在党的领导制度、组织制度、干部人事制度、基层组织建设制度、人才发展体制机制等五个方面实现"不断完善和创新"，破解了党的建设中的许多重点难点问题，有效提高了党的领导水平和执政能力。

四、深化改革开辟"中国之治"新境界

改革开放是我们党的一次伟大觉醒，是决定当代中国前途命运的关键一招，是当代中国大踏步赶上世界的重要法宝。党的十八大以来，以习近平同志为核心的党中央统筹推进"五位一体"总体布局、协调推进"四个全面"战略布局，坚持和完善中国特色社会主义制度、推进国家治理体系和治理能力现代化，全面深化改革得到有力推进，为实现中华民族伟大复兴提供了充满生机活力的体制制度保证。回顾十年来的改革工作，党中央提出的一系列创新理论、采取的一系列重大举措、取得的一系列重大突破，都是革命性的、

史无前例的。

　　首先，这得益于一场思想理论的深刻变革。十年来，习近平总书记国内考察的足迹从沿海到内地、从城市到乡村，全面深化改革是他调研中最关注的主题之一。他在体察世情民意、基层所需中把准改革脉搏、认识改革规律，提出一系列具有突破性、战略性、指导性的重要思想和重大论断，科学回答在新时代为什么要全面深化改革、怎样全面深化改革等一系列重大理论和实践问题。实践证明，以思想理论创新引领改革实践创新，以总结实践经验推动思想理论丰富和发展，才能书写出中国改革新的时代篇章。

　　其次，这得益于党中央的坚强领导。越是壮阔的征程，越需要领航的力量；越是复杂的改革，越需要系统的思维。从中央全面深化改革领导小组改为委员会，到健全党对重大工作领导体制机制，这是一场改革组织方式的深刻变革。十年来，在党中央的集中统一领导下，全面深化改革从前期夯基垒台、立柱架梁，到中期全面推进、积厚成势，再到现阶段加强系统集成、协同高效，蹄疾步稳、有力有序解决各领域各方面体制性障碍、机制性梗阻、政策性创新问题，实现由局部探索、破冰突围到系统协调、全面深化的历史性转变。可以说，充分发挥党总揽全局、协调各方的领导核心作用，以全局观念和系统思维谋划推进改革，就能保证方向目标清晰，战略部署明确，方法路径高效。习近平总书记亲自谋划、亲自部署、亲自推动全面深化改革，领导全党全国人民开创了我国改革开放新局面。

　　再次，这是一场得益于人民广泛参与的深刻变革。一切改革的实施，归根结底都是为了人民；一切改革的推进，都离不开人民的力量。十年来，老百姓关心什么、期盼什么，改革就抓住什么、推进什么，以人民为中心的发展思想，深深铭刻在改革的设计与落实中，也深深烙印在促进社会公平正义、增进人民福祉中。改革实践证明，坚持加强党的领导和尊重人民首创精神相结合，坚持顶层设计和摸着石头过河相协调，坚持试点先行和全面推进相促进，就能促进全社会形成改革创新活力竞相迸发、充分涌流的生动局面，不断增强人民获得感、幸福感、安全感。

从深远影响看，全面深化改革是一场国家制度和治理体系的深刻变革。十年来，无论是依法治国的制度设计，还是国家机构改革等重大举措，无论是简政放权等具体安排，抑或是自贸试验区等试点方案，都是对制度的调整、治理的创新，最终都要以制度形式固定延续下来。许多领域实现历史性变革、系统性重塑、整体性重构，为推动形成系统完备、科学规范、运行有效的制度体系奠定了坚实基础。在决胜全面建成小康社会、决战脱贫攻坚、"十三五"规划实施、抗击新冠肺炎疫情、"十四五"工作开局等进程中，制度建设发挥了关键一招的重要作用。正是始终突出制度建设这条主线，全面深化改革的激荡变革，不断开辟了"中国之治"的新局面。

一是坚持党的领导、人民当家作主、依法治国有机统一，制度优势得以充分彰显。加强和维护党中央权威和集中统一领导，不断完善党的领导制度体系，推动党的领导方式更加科学，使全党在思想上更加统一、政治上更加团结、行动上更加一致，党的政治领导力、思想引领力、群众组织力、社会号召力显著增强。健全人民当家作主制度体系，推动社会主义民主政治稳步发展，全过程人民民主把人民主体地位落实到选举、协商、决策、管理、监督等不同环节，体现到党和国家机关各个方面各个层级的工作上来，体现了社会主义民主的广泛性、整体性、真实性。深化依法治国实践和改革，中国特色社会主义法治体系不断健全，法治中国建设迈出坚实步伐，法治固根本、稳预期、利长远的保障作用进一步发挥，党运用法治方式领导和治理国家的能力显著增强。

二是坚持和完善社会主义基本经济制度，市场主体活力持续释放。把公有制为主体、多种所有制经济共同发展，按劳分配为主体、多种分配方式并存，社会主义市场经济体制等确立为社会主义基本经济制度，充分发挥市场在资源配置中的决定性作用，更好发挥政府作用。毫不动摇巩固和发展公有制经济，推动国有经济布局优化和结构调整，国有资本和国有企业进一步做强做优做大，建立中国特色现代企业制度；毫不动摇鼓励、支持、引导非公有制经济发展，构建亲清政商关系，民营经济发展环境不断优化。坚持按劳分配原则，完善按要素分配的体制机制，中等收入群体规模不断扩大。持续深化简政放权、放管结合、优化服务改革，社会信用体系建设稳步推进，市场化法治化国际化营商环境日臻完善。产权保护和要素市场制度建设取得积极进展，市场准入负面清单制度全面实施，反垄断和防止资本无序扩张不断强化，高标准市场体系建设稳步推进，社会主义市场经济体制进一步成熟定型。深入推进供给侧结构性改革，建立高质量发展的指标、政策、标准、统计、绩效评价和政绩考核等体系，现代化经济体系加快构建。坚持实施创新驱动发展战略，发挥新型举国体制优势，推进关键核心技术攻关和自主创新，创新型国家建设成果丰硕。

三是深化社会事业改革，民生保障短板弱项进一步补齐。党的十八大以来，民生社会事业全面发展，是我国历史上老百姓生活水平提升最快、民生福祉增进最明显、得实惠最多的时期。我们打赢人类历史上规模最大、力度最强、成效最好的脱贫攻坚战，历史性地解决了困扰中华民族几千年的绝对贫困问题。抗击新冠肺炎疫情取得重大战略成果，在全球率先控制住疫情、率先复工复产、率先恢复经济社会发展。更加注重加强普惠性、基础性、兜底性民生建设，在收入分配、就业、教育、社会保障、医疗卫生、住房保障等方面推出一系列重大改革举措，建成了世界上最大的社会保障网。确立和坚持马克思主义在意识形态领域指导地位的根本制度，文化体制改革不断深化，社会主义核心价值观深入人心，国民素质和社会文明程度显著提高。

四是建立健全生态文明制度体系，美丽中国建设迈出重大步伐。深入贯彻绿水青山就是金山银山的理念，山水林田湖草沙一体化保护和系统治理统筹推进，生态环境保护发生历史性、转折性、全局性变化。着力打赢污染防治攻坚战，完善大气、水、土壤污染防治机制，环境质量总体改善。初步建立源头严防、过程严管、损害赔偿、后果严惩等生态文明基础性制度框架，中央生态环境保护督察制度建立实施。污染防治攻坚战阶段性目标全面完成，蓝天白云重新展现，浓烟重霾有效抑制，黑臭水体明显减少，土壤污染风险得到管控，人民群众的生态环境获得感、幸福感、安全感不断增强。在解决国内环境问题的同时，我国还深度参与全球生态环境治理，成为全球生态文明建设的重要参与者、贡献者、引领者。

五是实施更加积极主动的开放战略，全方位高水平开放型经济加快形成。党中央科学把握国际形势变化的新特点、新趋势，及时提出高水平开放的新要求，采取了一系列新的开放举措，例如共建"一带一路"、扩大市场准入、尽快在全国实行外商投资负面清单管理模式、主动降低进口关税、积极扩大进口、加快服务业开放、扩大利用外资、加快探索自贸试验区改革进程、及时批复海南探索自贸港建设等，大大提升了我国的对外开放水平，国际经济合作和竞争新优势加快形成。目前，我国已成为世界货物贸易第一大国、服务贸易第二大国、使用外资第二大国、对外投资第一大国，是近200个经济体的主要贸易伙伴，全方位、多层次、宽领域的全面开放新格局加速形成。同时，建立健全外商投资国家安全审查、反垄断审查等制度，开放条件下的经济安全保障能力得到不断提升。

六是推进改革强军战略，开展新中国成立以来最为广泛、最为深刻的国防和军队改革。重构人民军队领导指挥体制、现代军事力量体系、军事政策制度，形成了军委管总、战区主战、军种主建新格局，有效解决了制约国防和军队建设的体制性障碍、结构性矛盾，实现人民军队组织架构历史性变革、力量体系革命性重塑，国防实力和经济实力同步提升，军队实战化体系作战能力不断提升，为维护国家主权和发展权力提供了可靠安全保障。

五、全面深化改革的经验启示

改革是战胜风险挑战、推动经济社会发展的"关键一招"。习近平总书记指出："改革开放是决定当代中国命运的关键一招，也是决定实现'两个一百年'奋斗目标、实现中华民族伟大复兴的关键一招。"改革开放四十多年中国经济社会发生的历史性巨变，特别是党的十八大以来，面对百年未有之大变局，坚定不移持续推进全面深化改革，取得举世瞩目的伟大成就，创造和积累了许多弥足珍贵的历史经验，对推动全面深化改革向广度和深度进军具有极为重要的指导意义，必须长期坚持、不断完善发展。2021年11月，党的十九届六中全会通过的《中共中央关于党的百年奋斗重大成就和历史经验的决议》，深刻总结了改革开放以来特别是党的十八大以来全面深化改革取得的历史性成就，为在新时代新征程上将全面深化改革进行到底提供了宝贵经验和基本遵循。

一是必须坚持党的全面领导。中国共产党领导是党和国家的根本所在、命脉所在，是全国各族人民的利益所系、命运所系。正是因为始终坚持党的集中统一领导，才能坚定不移推进改革开放，才能成功应对改革道路上的艰难险阻和风险挑战。党的十八届三中全会以来各项改革的顺利推进，主要得益于充分发挥了党总揽全局、协调各方的领导核心作用，得益于学习型、服务型、创新型马克思主义执政党建设，得益于不断提高党的领导水平和执政能力。新征程上，必须牢牢把握中国共产党领导这一中国特色社会主义最本质的特征、中国特色社会主义制度的最大优势，坚持以习近平新时代中国特色社会主义思想为指导，增强"四个意识"、坚定"四个自信"、做到"两个维护"，不断提高政治判断力、政治领悟力、政治执行力，牢记"国之大者"，自觉在思想上政治上行动上同以习近平同志为核心的党中央保持高度一致。

二是必须坚持以人民为中心。为中国人民谋幸福，为中华民族谋复兴，是中国共产党人的初心使命，也是改革开放的初心使命。正是因为坚持以最广大人民根本利益作为一切工作的出发点和落脚点，我们才能提出并实施正确的改革方案，并从人民实践创造和发展要求中获得深化改革开放的动力。新征程上，必须始终把人民对美好生活的向往作为我们的奋斗目标，尊重人民主体地位，把人民拥护不拥护、赞成不赞成、高兴不高兴作为制定政策的依据，推动改革发展成果更多更公平惠及全体人民，不断增强人民群众获得感、幸福感、安全感，充分激发蕴藏在人民群众中的创造伟力。

三是必须坚持中国特色社会主义道路。方向决定道路，道路决定命运。改革开放是有方向、有立场、有原则的，在方向和道路问题上，必须头脑十分清醒。正是因为始终保持志不改、道不变的坚定，我们才能把改革开放的主动权牢牢掌握在自己手中，才能避免在根本性问题上出现颠覆性错误。新征程上，必须牢牢把握改革的前进方向，始终坚持把以经济建设为中心同四项基本原则、改革开放这两个基本点统一于新时代中国特色社会主义伟大实践，既不走封闭僵化的老路，也不走改旗易帜的邪路，该改的、能改的我们坚决改，不该改的、不能改的坚决不改。

四是必须坚持以开放促改革。开放带来进步，封闭必然落后。对外开放是我国的基本国策，是推动我国经济社会发展的重要动力。正是因为我们始终高举和平、发展、合作、共赢的旗帜，统筹国内国际两个大局，打开大门搞建设、办事业，才能为我国改革发展创造良好环境、拓展广阔空间。新征程上，必须坚持对外开放的基本国策不动摇，坚持以开放促改革、促发展、促创新，构建互利共赢、多元平衡、安全高效的开放型经济新体制，以对外开放的主动赢得经济发展和国际竞争的主动，推动构建人类命运共同体，推动经济全球化朝着更加开放、包容、普惠、平衡、共赢的方向发展。

五是必须坚持正确的改革方法论。我们党历来重视工作方法，将其视为解决过河的桥或船的问题。党的十八大以来在改革开放的伟大实践中形成了丰富、全面、系统的改革方法论，成为习近平新时代中国特色社会主义思想的重要组成部分，为新时代改革开放提供了根本遵循。正是因为我们采取了正确的方法策略，坚持"摸着石头过河"和顶层设计相结合，坚持问题导向和目标导向相统一，坚持试点先行和全面推进相促进，着力增强改革的系统性、整体性、协同性，才能实现改革全面发力、多点突破、蹄疾步稳、纵深推进。新征程上，必须坚持辩证唯物主义和历史唯物主义世界观和方法论，继续坚持系统观念，加强前瞻性思考、全局性谋划、战略性布局、整体性推进，以钉钉子精神抓好落实，推动改革开放行稳致远、不断实现新突破。

党的十九届四中全会作出《关于坚持和完善中国特色社会主义制度、推进国家治理体系和治理能力现代化若干重大问题的决定》，要求到党成立一百年时，在各方面制度更加成熟更加定型上取得明显成效。2020年4月，中央深改委通过的《党的十九届四中全会重要改革举措实施规划（2020—2021年）》，是坚持和完善中国特色社会主义制度、推进国家治理体系和治理能力现代化的施工图。在进入新发展阶段的今天，面临的很多问题都是前所未有的，推进改革的复杂程度、敏感程度、艰巨程度不亚于四十多年前。这就要求我们从实际出发，坚持问题导向，以时不我待、只争朝夕的使命感、紧迫感将改革进行到底，在深化改革中攻坚克难、砥砺前行，不断推动各方面制度更加成熟更加定型，把制度优势转化为应对风险挑战的胜势、提升社会治理的效能。

第五章

全面依法治国取得重大进展

法治兴则国兴，法治强则国强。党的十八大以来，以习近平同志为核心的党中央将全面依法治国纳入"四个全面"战略布局，坚持中国特色社会主义法治道路，加强党对全面依法治国的集中统一领导，加强顶层设计和系统布局，中国特色社会主义法治体系不断健全，法治中国建设迈出坚实步伐，法治固根本、稳预期、利长远的保障作用进一步发挥，党运用法治方式领导和治理国家的能力显著增强。

全面依法治国取得重大进展

一、加强依法治国的顶层设计和系统布局

1. 总目标是建设中国特色社会主义法治体系，建设社会主义法治国家
2. 基本原则是必须坚持中国共产党的领导，坚持人民主体地位，坚持法律面前人人平等，坚持依法治国和以德治国相结合，坚持从中国实际出发
3. 重点任务是完善以宪法为核心的中国特色社会主义法律体系，深入推进依法行政，保证公正司法，增强全民法治观念，加强法治工作队伍建设，加强和改进党对全面推进依法治国的领导

二、中国特色社会主义法律体系不断健全

1. 建立健全完备的法律规范体系，是全面依法治国的前提和基础
2. 坚持依法治国首先要坚持依宪治国
3. 全面贯彻实施宪法，是建设社会主义法治国家的首要任务和基础性工作，是每个公民享有权利、履行义务的根本保证
4. 努力推进科学立法、民主立法、依法立法，不断完善以宪法为核心的中国特色社会主义法律体系

三、法治政府建设深入推进

1. 各地对政府部门权力进行全面梳理、调整、审核确认并对外公布
2. 推进依法决策，提升决策公信力
3. 把权力关进笼子里，行政执法更规范
4. 加大问责力度，推动依法履职

四、司法改革和公正司法书写新篇章

1. 实行法官、检察官员额制，建立新型司法权力运行机制
2. 着眼提升司法公信力，推进以审判为中心的诉讼制度改革
3. 全面实施立案登记制改革，变立案审查制为立案登记制，做到有案必立、有诉必理
4. 加强对执法司法活动的监督制约，开展政法队伍教育整顿

五、全民守法迈上新台阶

1. 紧紧抓住"关键少数"
2. 不断增强全民法治观念
3. 广泛开展普法依法治理活动

六、形成全面依法治国的根本遵循

1. 把道路问题放在关系全面依法治国全局、决定社会主义法治建设成败的中心位置
2. 始终坚持党在全面依法治国中总揽全局、协调各方的领导核心地位，把党的领导贯彻落实到全面依法治国的全过程和各方面
3. 习近平法治思想是全面依法治国的根本遵循和行动指南

一、加强依法治国的顶层设计和系统布局

全面依法治国是坚持和发展中国特色社会主义的本质要求和重要保障,事关我们党执政兴国,事关人民幸福安康,事关党和国家事业发展。2012年11月召开的党的十八大对全面推进依法治国作出重大部署,强调把法治作为治国理政的基本方式;2013年11月召开的党的十八届三中全会,对加强社会主义民主政治制度建设和推进法治中国建设提出明确要求。2014年1月,习近平总书记在中央政法工作会议上强调,要把维护社会大局稳定作为基本任务,把促进社会公平正义作为核心价值追求,把保障人民安居乐业作为根本目标。要从确保依法独立公正行使审判权检察权、健全司法权力运行机制、完善人权司法保障制度三个方面,着力破解体制性、机制性、保障性障碍,不断提高司法公信力。

2014年10月，党的十八届四中全会召开，专门研究部署全面推进依法治国，审议通过了《中共中央关于全面推进依法治国若干重大问题的决定》。全会明确指出："全面推进依法治国，总目标是建设中国特色社会主义法治体系，建设社会主义法治国家。"这个总目标既规定了全面推进依法治国的性质和方向，又突出了工作重点和总抓手，具有纲举目张的意义。这就是，在中国共产党领导下，坚持中国特色社会主义制度，贯彻中国特色社会主义法治理论，形成完备的法律规范体系、高效的法治实施体系、严密的法治监督体系、有力的法治保障体系，形成完善的党内法规体系，坚持依法治国、依法执政、依法行政共同推进，坚持法治国家、法治政府、法治社会一体建设，实现科学立法、严格执法、公正司法、全民守法，促进国家治理体系和治理能力现代化。实现这个总目标，必须坚持中国共产党的领导，坚持人民主体地位，坚持法律面前人人平等，坚持依法治国和以德治国相结合，坚持从中国实际出发。这个总目标立足当前、着眼未来、高屋建瓴、内涵丰富。既有在党的领导下坚持中国特色社会主义制度的根本政治原则，也有贯彻中国特色社会主义法治理论的核心指导思想；既包括形成完备的法律规范体系、高效的法治实施体系、严密的法治监督体系、有力的法治保障体系的法治建设具体内容，也有形成完善的党内法规体系的党的建设明确要求，是一个环环相扣的有机整体。可以说，这个总目标既是我国社会主义法治实践的历史总结，也是对未来法治中国建设图景的总体规划，成为新时代建设法治中国的基本遵循。

全会强调，党的领导是中国特色社会主义最本质的特征，是社会主义法治最根本的保证。把党的领导贯彻到依法治国全过程和各方面，是我国社会主义法治建设的一条基本经验。坚持党的领导是党和国家的根本所在、命脉所在，是全国各族人民的利益所系、幸福所系，是全面推进依法治国的题中应有之义。在中国这样一个有着独特历史文化传统的国家，正面临激烈的现代化转型，要处理好法治建设中出现的大量矛盾问题，党总揽全局、协调各方的作用不可或缺。全会从理论和实践两个层面，就党的领导和社会主义法治的关系给出明确答案。在理论上，明确了党的领导与依法治国的一致性，坚持依法治国首先要坚持依宪治国，坚持依法执政首先要坚持依宪执政。我国宪法规定："任何组织或者个人都不得有超越宪法和法律的特权。"这里所说的"任何组织"，当然应该包括执政党。《中国共产党章程》也明确规定："党必须在宪法和法律的范围内活动。"从提出依法治国到部署全面推进依法治国，都是我们党在治国理政上的自我完善、自我提高，体现了执政理念的升级、执政方式的更新。在实践上，强调坚持党的领导，不是一句空的口号，必须体现在党领导立法、保证执法、支持司法、带头守法上。全会指出，社会主义法治必须坚持党的领导，党的领导必须依靠社会主义法治；必须加强和改进党对法治工作的领导，把党的领导贯彻到全面推进依法治国全过程。健全党领导依法治国的制度和工作机制，完善保证党确定依法治国方针政策和决策部署的工作机制和程序，加强对全面推进依法治国统一领导、统一部署、统筹协调，规定了中国特色社会主义法治体系的制度属性和前进方向。

全会还明确提出了全面推进依法治国的重点任务。这就是：完善以宪法为核心的中国特色社会主义法律体系，加强宪法实施；深入推进依法行政，加快建设法治政府；保证公正司法，提高司法公信力；增强全民法治观念，推进法治社会建设；加强法治工作队伍建设；加强和改进党对全面推进依法治国的领导。

党的十八届四中全会，既是我们党历史上第一次专题研究法治的中央全会，也是第一次作出全面推进依法治国重大部署的中央全会。这两个"第一次"，充分说明以习近平同志为核心的党中央对全面推进依法治国问题的高度重视，充分说明新一届中央领导集体是从全面建成小康社会、实现中华民族伟大复兴的中国梦、保证党和国家长治久安这样一个关系我们国家长远发展全局的战略高度，来谋划法治、部署法治、推进法治，体现了新一届中央领导集体对法治的认识已经达到了新的战略高度。

《中共中央关于全面推进依法治国若干重大问题的决定》，明确提出了全面推进依法治国的指导思想、总体目标、基本原则，提出了关于依法治国的一系列新观点、新举措，回答了党的领导和依法治国关系等一系列重大理论和实践问题，是一篇充满着马克思主义光辉的历史性文献，在中国法治史上具有里程碑意义。围绕全会确定的总目标和重大任务，决定提出了180多项重大改革举措，涵盖了依法治国各个方面，体现了全面依法治国坚持"三个共同推进""三个一体建设"的工作布局。2015年4月，中央全面深化改革领导小组第十一次会议审议通过《党的十八届四中全会重要举措实施规划（2015—2020年）》，为此后一个时期推进全面依法治国提供了总施工图和总台账。

党的十八大之后，党对全面依法治国的领导更加坚强有力，党领导立法、保证执法、支持司法、带头守法形成制度性安排，法治中国建设生机勃勃、成就辉煌。2018年3月中共中央印发《深化党和国家机构改革方案》，明确提出组建中央全面依法治国委员会，这是以习近平同志为核心的党中央高瞻远瞩、审时度势作出的重大决定。成立中央全面依法治国委员会，有利于健全党领导全面依法治国的制度和工作机制，推动依法治国、依法执政、依法行政共同推进，法治国家、法治政府、法治社会一体建设，实现党领导立法、保证执法、支持司法、带头守法，更好落实全面依法治国基本方略，促进法治中国建设迈入系统推进的新阶段。2018年8月，习近平总书记主持召开中央全面依法治国委员会第一次会议，强调要加强党对全面依法治国的集中统一领导，更好发挥法治固根本、稳预期、利长远的保障作用。

2020年11月召开的中央全面依法治国工作会议，确立了习近平法治思想在全面依法治国工作中的指导地位。2021年1月，中共中央印发了《法治中国建设规划（2020—2025年）》。规划以中国特色社会主义法治体系"五大体系"为主体框架，围绕"五大体系"作出具体部署安排，把中国特色社会主义法治体系的"总抓手"作用落细落实，突出统筹性、全面性、保障性、创新性，分阶段提出了到 2025 年、2035 年的奋斗目标，也提出了法治中国建设的远景目标。这是新中国成立以来第一个关于法治中国建设的专门规划，是新时代推进全面依法治国的纲领性文件，是"十四五"时期统筹推进法治中国建设的总蓝图、路线图、施工图，对新时代更好发挥法治固根本、稳预期、利长远的重要作用，推进国家治理体系和治理能力现代化，适应人民群众在民主、法治、公平、正义、安全、环境等方面的新要求新期待，加快实现到 2035 年基本建成法治国家、法治政府、法治社会的奋斗目标具有重大意义。

二、中国特色社会主义法律体系不断健全

建立健全完备的法律规范体系，是全面依法治国的前提和基础。宪法乃九鼎重器，是国家的根本大法。我国宪法序言明确规定，宪法具有最高法律效力。全国各族人民、一切国家机关和武装力量、各政党和各社会团体、各企业事业组织，都必须以宪法为根本的活动准则，并且负有维护宪法尊严、保证宪法实施的职责。党的十八大以来，以习近平同志为核心的党中央把宪法摆在全面依法治国十分突出的位置，围绕宪法阐明一系列重大论断，明确坚持依法治国首先要坚持依宪治国，坚持依法执政首先要坚持依宪执政。有国家根本大法的与时俱进，才有各项事业发展的基业长青，这是宪法发展的基本规律，也是实践发展的必然要求。2018 年 3 月，十三届全国人大一次会议表决通过的宪法修正案，把党的十九大确定的重

大理论观点和重大方针政策特别是习近平新时代中国特色社会主义思想载入国家根本法，把党和人民在实践中取得的重大理论创新、实践创新、制度创新成果上升为宪法规定。这是1982年宪法实施以来，最高立法机关第五次对国家根本法的修改。这次宪法修正案站在健全完善党和国家领导制度、推进国家治理体系和治理能力现代化的高度，作出了一系列重大制度安排，包括坚持党的领导、人大制度、统一战线制度、宪法宣誓制度、国家主席任期制度、国务院管理制度、地方立法制度、监察制度等各个方面。这些重大修改，是依法治国的生动实践，体现出党的主张和人民意志的高度统一，不仅让我们国家的根本法紧跟新时代步伐，让治国安邦的总章程更加完善发展，让党和人民意志得到更加集中的体现，更是推进国家治理体系和治理能力现代化的重要里程碑，展现出中国特色社会主义民主政治的巨大优势。

具体而言，这次宪法修改在中国特色社会主义进入新时代的历史背景下，站在健全完善党和国家领导制度、推进国家治理体系和治理能力现代化的高度，完善了党和国家的领导体制、人民代表大会制度、统一战线制度，建立健全了国家监察制度等，重大历史意义非同寻常。第一，为在国家政治和社会生活中贯彻习近平新时代中国特色社会主义思想提供了宪法保障。改革开放以来我们党治国理政的一条成功经验就是通过修改宪法把党的指导思想确立为国家的指导思想，实现党的主张、人民意志、依法治国的高度统一，这对于党和国家事业发展至关重要。习近平新时代中国特色社会主义思想已经成为全党全国各族人民团结奋斗的共同思想基础。第二，为全面贯彻实施宪法确立的国家根本任务、发展道路、奋斗目标提供了宪法保障。我国宪法以国家根本法的形式，确立了中国特色社会主义道路、中国特色社会主义理论体系、中国特色社会主义制度的发展成果，反映了我国各族人民的共同意志和根本利益，成为历史新时期党和国家的中心工作、基本原则、重大方针、重要政策在国家法制上的最高体现。第三，为确保党的长期执政和国家长治久安提供了宪法保障。中国共产党是执政党，是国家的最高政治领导力量。中国共产党领导是中国特色社会主义最本质的特征，是中国特色社会主义制度的最大优势。把党的领导载入宪法，从社会主义制度的本质属性角度对坚持和加强党的全面领导进行规定，有利于在全体人民中强化党的领导意识，有效把党的领导落实到国家工作全过程和各方面，确保党和国家事业始终沿着正确方向前进。第四，为进一步全面推进依法治国提供了宪法保障。宪法是党领导人民制定的，是党的主张和人民意志的高度统一，是坚持党的领导、人民当家作主、依法治国有机统一的根本依据。以宪法为准绳，才能建设完备的法律规范体系、高效的法治实施体系、严密的法治监督体系和有力的法治保障体系，不断深化依法治国实践。第五，为支持和健全人民当家作主提供了宪法保障。宪法修改完善国家立法体制，进一步健全了人民当家作主的制度体系，强化了人民主体地位，促进了社会主义民主制度化法律化，推动了人民代表大会制度的完善。

宪法的生命在于实施，宪法的权威也在于实施。2014年11月，十二届全国人大常委会以立法形式将12月4日设立为国家宪法日。十三届全国人大一次会议表决通过《中华人民共和国宪法修正案》，把宪法宣誓制度在宪法中确认下来，明确规定"国家工作人员就职时应当依照法律规定公开进行宪法宣誓"，健全宪法实施制度成为一个亮点。这样做，有利于增强公职人员宪法观念，激励公职人员忠于和维护宪法，也有利于在全社会增强宪法意识、树立宪法权威。2018年3月17日上午，新当选的中华人民共和国主席、中华人民共和国中央军事委员会主席习近平，左手抚按宪法，右手举拳，庄严承诺忠于宪法、忠于祖国、忠于人民。这是国家领导人首次进行宪法宣誓，也是宪法宣誓制度实行以来首次在全国人民代表大会上面对全国人大代表举行宪法宣誓仪式。75字的铮铮誓言，凝聚的是依宪治国、依宪执政的庄严承诺，是国家领袖以身作则，带头遵守宪法、维护宪法的直接体现。这庄严的气氛，这神圣的一刻，永远定格成人民共和国的历史，融注到亿万人民的心头。

全面贯彻实施宪法，是建设社会主义法治国家的首要任务和基础性工作，是每个公民享有权利、履行义务的根本保证。党的十九大报告提出，加强宪法实施和监督，推进合宪性审查工作，维护宪法权威。各级党组织和全体党员要带头尊法学法守法用法，任何组织和个人都不得有超越宪法法律的特权，绝不允许以言代法、以权压法、逐利违法、徇私枉法。十三届全国人大一次会议通过的宪法修正案，将"全国人大法律委员会"更名为"全国人大宪法和法律委员会",在继续承担统一审议法律草案工作的基础上,增加推动宪法实施、开展宪法解释、推进合宪性审查、加强宪法监督、配合宪法宣传等职责。这是我国成立的第一个宪法方面的人大专门委员会,名称和职责的变化凸显和强调了宪法的最高法律地位,为更好实施宪法提供了保障。党的十九届四中全会强调要"健全保证宪法全面实施的体制机制",加强宪法实施和监督,落实宪法解释程序机制,推进合宪性审查工作,加强备案审查制度和能力建设,依法撤销和纠正违宪违法的规范性文件。应该说,在切实尊重和有效实施宪法方面,十八大以来党中央不仅提出了明确目标,而且采取了一系列扎实举措,用科学有效、系统完备的制度体系保证宪法实施,加强宪法监督,维护宪法尊严,把实施宪法提高到新水平。

构建良法是形成善治的前提。党的十八大以来,党中央高度重视立法工作,夯实立法这一全面依法治国的基础。全国人大及其常委会和有地方立法权的地方人大及其常委会努力推进科学立法、民主立法、依法立法,不断完善以宪法为核心的中国特色社会主义法律体系。一是通过修改立法法、行政法规制定程序条例、规章制定程序条例,健全立法立项、起草、论证、协调、审议机制,推进立法精细化深入推进科学立法、民主立法、依法立法。2013年以来,全国人大常委会初次和继续审议的法律草案都及时向社会公布征求意见,国务院全面实施立法项目向社会公开征集制度和立法草案网上征求意见工作。二是统筹考虑立新废旧、修法释法并举和法律间协调衔接,做到立改废释并举。2013—2018年,全国人大常委会共审议通过统筹修改法律的决定16件，涉及修改法律101件次；国务院共发布9件关于清理行政法规的决定，涉及修改行政法规207件次；最高人民法院、最高人民检察院共废止817件、确定修改187件司法解释或者司法解释性文件。三是把发展改革决策同立法决策结合起来，确保国家发展、重大改革于法有据。立法机关坚持从国情出发，加快推进国家安全领域立法，出台国家安全法、国家情报法、反间谍法、反恐怖主义法、网络安全法、境外非政府组织境内活动管理法、国防交通法、核安全法等一系列涉及国家安全的法律，为维护国家安全、核心利益和其他重大利益提供了坚实的法制保障。同时，经济、社会、民生、文化、生态环境等重点领域立法工作不断推进。从2013年到2018年4月底，全国人大共制定法律28件，修改法律137件次，制定修改行政法规266件次。①

以宪法为核心的法律体系不断完善，中国特色社会主义法治的制度基础得到夯实。截至2021年1月，我国有国家立法274件（其中宪法1件、宪法相关法46件、民法商法23件、行政法92件、经济法75件、社会法25件、刑

---

① 《绘就全面依法治国的斑斓画卷——党的十八大以来我国全面推进依法治国新成就综述》，《人民日报》2018年9月7日。

法 1 件、诉讼与非诉讼程序法 11 件）、行政法规 700 余件、地方性法规 12000 余件，国家和社会生活的各个方面实现了有法可依。全国人大和地方各级人大及其常委会依照宪法和法律赋予的监督职权，不断加大对法律实施监督的力度，督促有关方面落实法定责任。全国人大常委会依法对行政法规、监察法规、地方性法规、司法解释等进行备案审查，实行有件必备、有备必审、有错必纠，维护宪法和法律的权威和尊严。依法行使监督权，确保行政权、监察权、审判权、检察权依法正确行使，促进"一府一委两院"依法行政、依法监察、公正司法，确保公民、法人和其他组织合法权益得到切实尊重和维护。

三、法治政府建设深入推进

推进全面依法治国，法治政府建设是重点、是关键，对法治国家、法治社会建设具有示范带动作用。为政者须率先奉法。依法行政是各级政府活动的基本准则，要求各级政府必须依法全面履行职能，加快建设职能科学、权责法定、执法严明、公开公正、廉洁高效、守法诚信的法治政府。2015 年 12 月，中共中央、国务院印发《法治政府建设实施纲要（2015—2020 年）》，规划了与全面建成小康社会相适应的法治政府建设阶段性目标，推动依法行政从软任务变成硬约束，提出到 2020 年基本建成"职能科学、权责法定、执法严明、公开公正、廉洁高效、守法诚信"的法治政府的总体目标和行动纲领。

党的十八大以来,各级党委和政府将权力运行纳入法治轨道,推动政府依宪施政、依法行政,法治政府建设的节拍越来越清晰、脚步越来越坚实。一是各地对政府部门权力进行全面梳理、调整、审核确认并对外公布。2013年5月,国务院办公厅印发《关于取消和下放一批行政审批项目等事项的决定》,共计117项,其中取消71项、下放20项。2016年1月,国务院在国家发改委等七部门开展权力和责任清单编制试点,用"权力清单"和"责任清单"明确政府权力边界,推动"放管服"改革落地见效。截至2017年底,国务院部门行政审批事项削减44%,31个省(区、市)公布了省市县三级政府部门权力和责任清单,非行政许可审批彻底终结。2018年以来,各类行政审批继续大幅压缩,"多证合一、一照一码"改革全面推进,中央层面核准的企业投资项目压减90%,进而推动"放管结合"向"优化服务"转变,极大地激发了市场和社会活力。2020年9月,国办印发《关于加快推进政务服务"跨省通办"的指导意见》,提出了140项全国高频政务服务"跨省通办"事项清单。由人力资源社会保障部公布的《国家职业资格目录(2021年版)》,共计保留72项职业资格,优化后的目录与2017年相比,职业资格减少了68项,削减49%。二是推进依法决策,提升决策公信力。2016年,中共中央办公厅、国务院办公厅印发《关于推行法律顾问制度和公职律师公司律师制度的意见》,各省级政府普遍设立政府法律顾问,全国共有8000余家党政机关、人民团体设立了公职律师，发挥了为依法决策守门把关的重要作用，行政决策科学化、民主化、法治化水平迅速提高。2019年4月，国务院制定《重大行政决策程序暂行条例》，规定决策承办单位应当在广泛深入开展调查研究、全面准确掌握有关信息、充分协商协调的基础上，拟订决策草案。三是把权力关进笼子里，行政执法更规范。2017年，国务院办公厅印发《推行行政执法公示制度执法全过程记录制度重大执法决定法制审核制度试点工作方案》，全国32个地方和部门推行上述"三项制度"试点，规范行政执法程序，乱执法和执法不作为等突出问题得到有效遏制。四是加大问责力度，推动依法履职。先后组织开展党政主要负责人履行推进法治建设第一责任人职责督察、法治政府建设全面督察、行政执法专项监督等，进一步压实法治政府建设主体责任；从2014年起，国务院连续六年部署开展全国大督查，推动各地方各部门依法履职，加大问责力度；2020年2月，中央全面依法治国委员会通过出台《行政复议体制改革方案》，优化行政复议资源配置，严格督促地方落实。2016年至2020年，全国各级行政复议机关办结的立案受理案件中，约有14万件以撤销、变更、确认违法或者责令履行等方式结案，直接纠错率达15.4%，促进了行政机关依法行政，有效维护了群众合法权益。

总之，党的十八大以来随着法治政府建设措施的全面推行，以及督促检查力度的显著加强，推进依法行政进入了"快车道"，把权力关进制度笼子展现出前所未有的"加速度"，依法行政、合法用权的社会氛围逐步形成。

四、司法改革和公正司法书写新篇章

社会主义司法制度作为社会主义制度的重要组成部分，维护社会公平是其内在价值追求，保护公平正义是其工作的坚固防线。社会主义司法是人民的司法，司法为民既是根本宗旨，又是其实现的目标。因此，社会主义的优越性，不仅表现在政治上经济上，而且也表现在司法上，不仅要求司法为民，还要求司法公正。"努力让人民群众在每一个司法案件中感受到公平正义"，这是党中央对人民的庄严承诺。

为践行这一承诺，党的十八大以来，在习近平总书记直接指挥下，在以习近平同志为核心的党中央坚强领导下，推动以司法责任制为重点的司法体制改革，做成了许多想了很多年、讲了很多年但没有做成的大事。

一是实行法官、检察官员额制，建立新型司法权力运行机制。根据中央部署，从2014年开始，全国分批开展司法人员分类管理、完善司法责任制、健全司法人员职业保障、省以下地方法院检察院人财物统一管理改革试点，2016年改革试点在全国推开。全面落实司法责任制改革，实行法官、检察官员额制，让审理者裁判、由裁判者负责，落实"谁办案谁负责"机制，法官检察官依法对案件质量终身负责，不断健全权责明晰、权责统一的司法权力运行机制。

二是着眼提升司法公信力，推进以审判为中心的诉讼制度改革。2015年，中共中央办公厅、国务院办公厅印发《领导干部干预司法活动、插手具体案件处理的记录、通报和责任追究规定》，为领导干部干预司法活动划定了红线，由此建立起领导干部干预司法活动、插手具体案件处理的记录、通报和责任追究制度。2015年，最高人民法院修订人民法院法庭规则，进一步完善法庭运行规则；最高人民法院六个巡回法庭覆盖六大区域，实现了最高审判机关重心下移，确保各地审查起诉的案件事实经得起法律检验。推进人民陪审员和人民监督员制度改革，完善人民陪审员制度、人民监督员制度，提高案件审理的透明度。

三是为了解决人民群众反映的打官司难的问题，全面实施立案登记制改革，变立案审查制为立案登记制，做到有案必立、有诉必理。人民法院打造"一站式"多元解纷机制和诉讼服务中心，完善速裁程序运行机制，推进案件繁简分流、轻重分离、快慢分道；四级检察院同步完善实体、热线、网络三大平台提供一站式服务，建立提起公益诉讼制度，加快推进失信被执行人惩戒机制改革；健全国家司法救助制度，健全行政执法与刑事司法衔接工作机制攻坚，基本解决执行难。

四是加强对执法司法活动的监督制约，开展政法队伍教育整顿。2018年1月，中共中央、国务院发出《关于开展扫黑除恶专项斗争的通知》。随后，中央纪委印发《关于在扫黑除恶专项斗争中强化监督执纪问责的意见》，并就涉黑涉恶腐败和"保护伞"问题深入开展调查研究。在为期三年的斗争中,各级纪委监委共立案查处涉黑涉恶腐败和"保护伞"问题8.97万起,立案处理党员干部和公职人员11.59万余人,清除了一批政法队伍的"害群之马"。三年专项斗争圆满收官后,各级纪检监察机关按照党中央决策部署,推动"打伞破网"工作常态化机制化,持续巩固专项斗争的胜利成果。针对发现的违规减刑和"纸面服刑"现象,检察机关加强执法司法规范化建设,不断深化监狱巡回检察,常态化开展交叉巡回检察。2021年6月开始的"司法工作人员职务犯罪侦查百日攻坚"行动,是检察机关深入推进全国政法队伍教育整顿工作,严惩司法工作人员职务犯罪的一项重要工作部署。其间,全国共立案侦查司法工作人员相关职务犯罪案件999件1285人;其中,立案侦查县处级以上司法工作人员相关职务犯罪要案119人,查处涉嫌徇私舞弊减刑、假释、暂予监外执行犯罪案件138件166人。通过集中优先办理群众反映强烈、社会高度关注的重点案件,以及在一定范围内有震动、有影响的重大、疑难、复杂跨地区司法工作人员相关职务犯罪案件,大大提振了全社会对司法公正的信心。

总体而言,进入新时代,全国上下严细深实落实中央部署,司法体制改革不断披荆斩棘、破浪前行,进入系统性、整体性变革的新阶段,改革的内涵外延、目标任务、模式方法发生重大变化。从改革广度看,已从法院、检察院拓展到党委政法委、公安机关、国家安全机关、司法行政机关;从改革深度看,已从破解影响司法公正、制约司法效能的体制机制问题,推进到构建中国特色社会主义

◎ 2019年9月12日,湖南省永州市道县白马渡镇樟武坊村,村民驾驶收割机收割优质稻

◎ 2022年5月17日,江苏省昆山市淀山湖镇红亮村,十余台收割机对成熟小麦进行集中收割

◎ 2019年11月7日，新疆塔什库尔干塔吉克自治县吾格亚提盘山公路，盘山公路从塔什库尔干塔吉克自治县县城到瓦恰乡，海拔超4200米，全长36公里，最大落差近1000米，被当地人称为"高原天路"

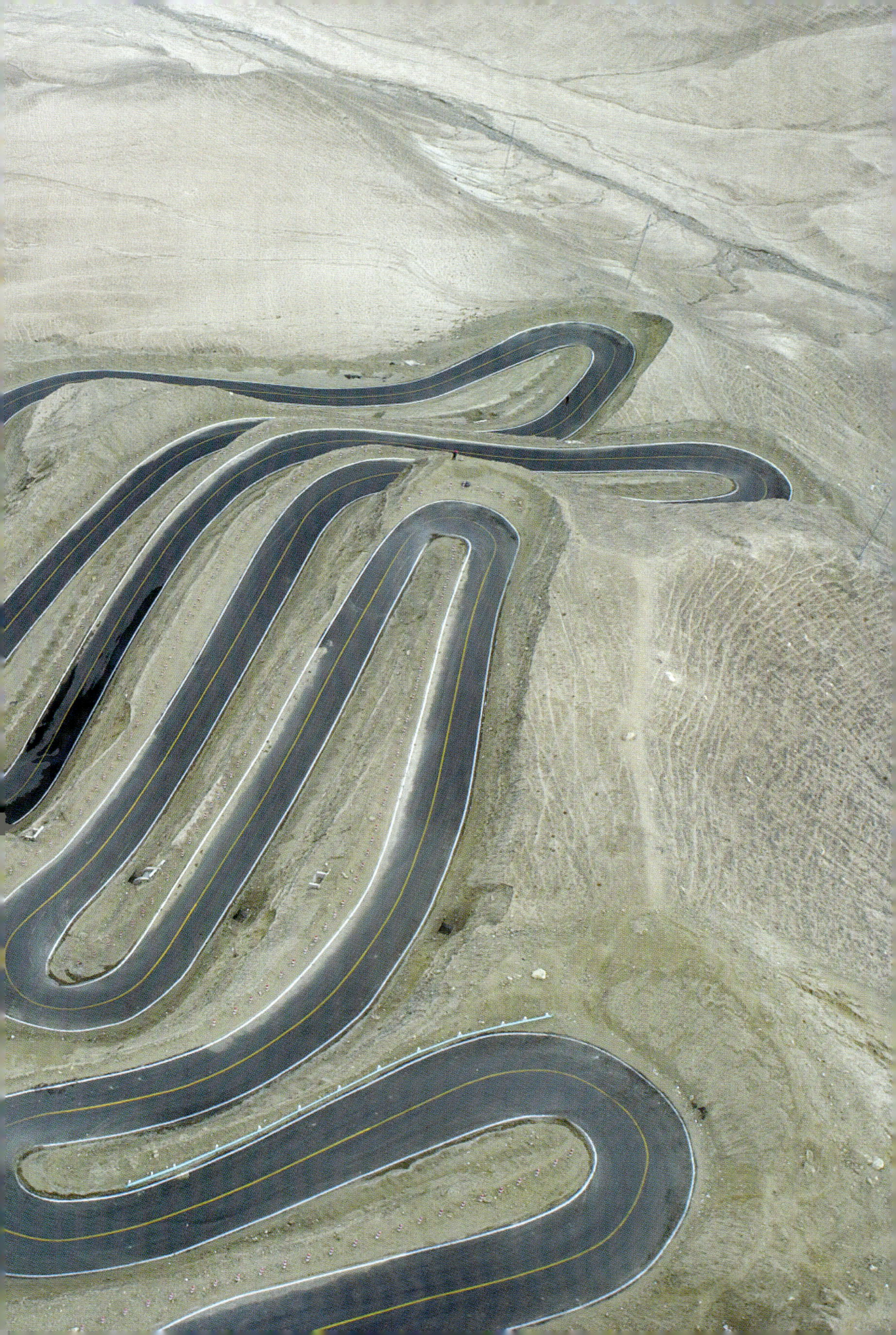

◎ 2021年10月6日，三一重工工程机械制造车间

◎ 2022年1月17日凌晨，南京动车段南京南动车运用所内，大批动车组准备就绪，全力保障春运铁路运力

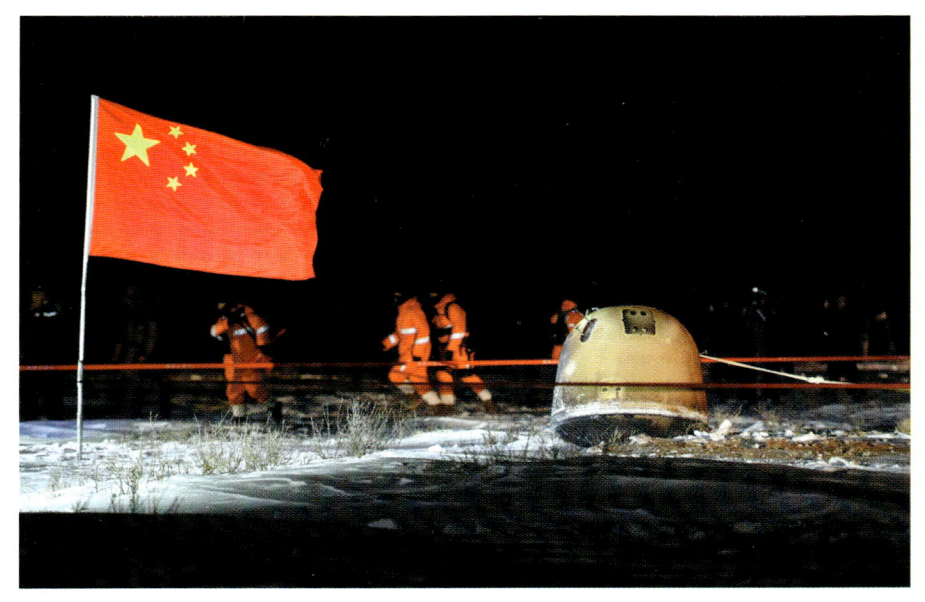

◎ 2020年12月17日凌晨，嫦娥五号返回器携带月球样品在内蒙古四子王旗预定区域安全着陆

◎ 2021年4月29日，中国空间站天和核心舱发射升空

◎2020年5月3日，湖南省湘西土家族苗族自治州花垣县十八洞村

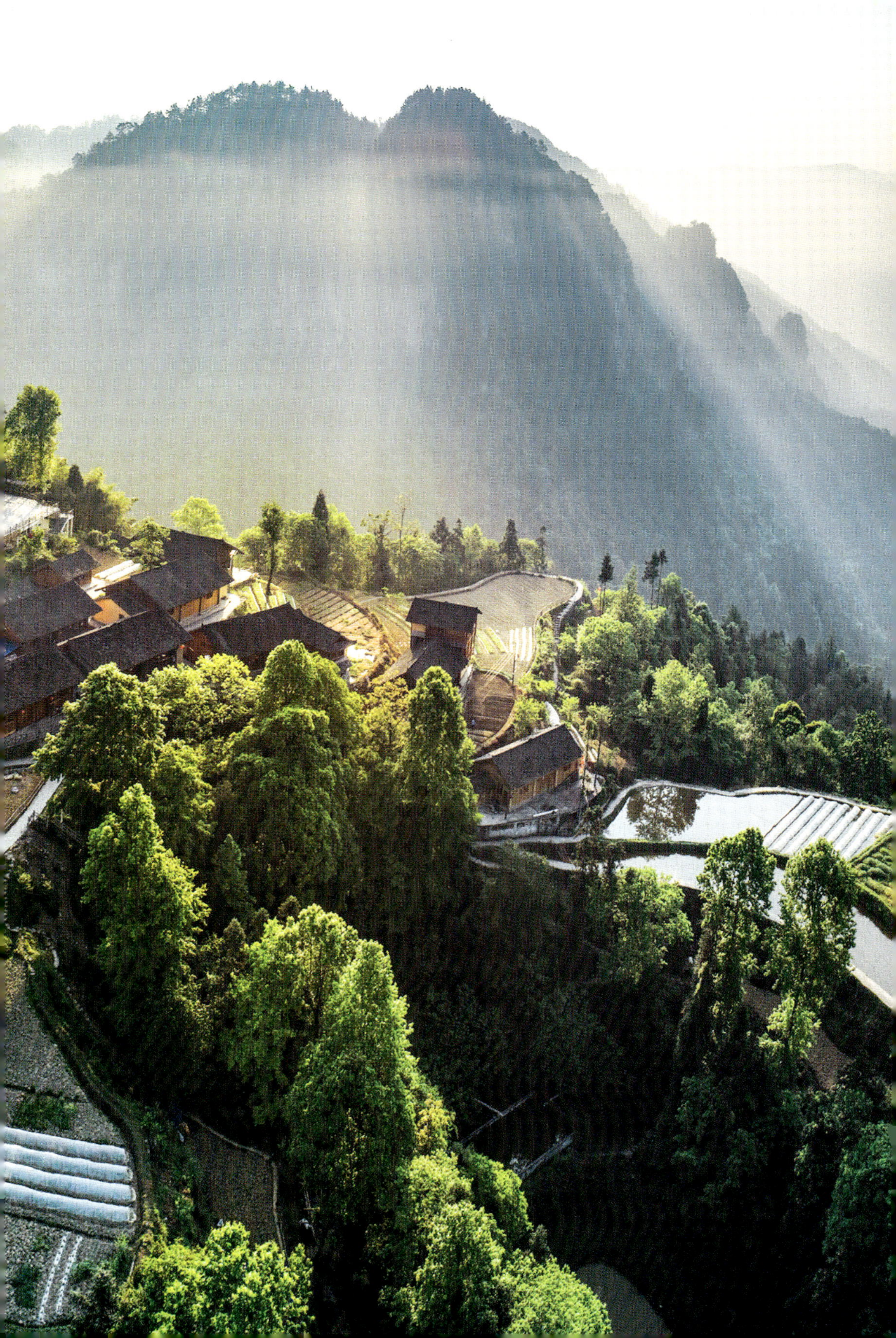

◎ 2019年10月1日晚，庆祝中华人民共和国成立70周年联欢活动在北京天安门广场举行

◎ 2021年6月28日晚，庆祝中国共产党成立100周年文艺演出《伟大征程》在北京国家体育场盛大举行

◎ 2020年1月24日，湖北省武汉市火神山医院施工现场，百余台挖掘机同时作业

◎ 2020年6月23日，满载防疫物资的中欧班列抵达法国巴黎，此次班列是中法首趟抗疫物资专列

◎ 2022年2月4日，2022年北京冬季奥运会开幕式在北京国家体育场举行

◎ 2022年11月5日，第五届中国国际进口博览会在国家会展中心（上海）开幕

◎ 2016年4月18日，江西省南昌市新建区象山森林公园，白鹭在林中嬉戏

司法制度体系;从改革方法看,已从主要由各单位分别部署推进,向更加注重统筹部署、一体推进转变。经过系统性的司法改革,进一步健全了侦查权、检察权、审判权、执行权相互配合、相互制约的体制机制,新的司法管理体制、司法权力运行机制逐步形成,司法质量、效率和公信力大幅提升,人民群众对公平正义的获得感明显增强。

五、全民守法迈上新台阶

全民守法是建设法治中国的重要环节,是弘扬法治精神的基础工程。党的十八大报告对全民守法提出明确要求:"深入开展法制宣传教育,弘扬社会主义法治精神,树立社会主义法治理念,增强全社会学法尊法守法用法意识。"[1]党的十八届四中全会明确提出,法律的权威源自人民的内心拥护和真诚信仰。习近平总书记对全民守法进一步作出明确阐释:全民守法,就是任何组织或者个人都必须在宪法和法律范围内活动,任何公民、社会组织和国家机关都要以宪法和法律为行为准则,依照宪法

---

[1] 《中国共产党第十八次全国代表大会文件汇编》,人民出版社2012年版,第25—26页。

和法律行使权利或权力、履行义务或职责。作为全面依法治国的固本之举，法治社会建设不断得到强化。

一是紧紧抓住领导干部特别是党政"一把手"这个"关键少数"。领导干部做尊法学法守法用法的模范，是实现全面依法治国目标和任务的关键所在。党的十八大以来，以习近平同志为核心的党中央在全面依法治国中狠抓领导干部特别是党政"一把手"这个"关键少数"。中共中央政治局率先垂范带头学法，以上率下。2016年4月，中央组织部等四部门联合印发《关于完善国家工作人员学法用法制度的意见》，明确将宪法法律和党内法规列入各级党委（党组）中心组年度学习计划，推动领导干部带头尊法学法守法用法，国家机关普法责任制普遍落实。2016年12月，中共中央办公厅、国务院办公厅印发了《党政主要负责人履行推进法治建设第一责任人职责规定》，明确了县级以上地方党委和政府主要负责人在推进法治建设中应当履行的主要职责，把履行推进法治建设第一责任人职责情况列入党政主要负责人年终述职内容，纳入政绩考核指标体系，并开展定期检查、专项督查，对不履行或不正确履行的严格问责。把能不能遵守法律、依法办事作为考察干部的重要内容，在相同条件下，优先提拔使用法治素养好、依法办事能力强的干部。以"关键少数"带头尊法学法守法用法，各级党组织和国家机关集体学法用法已形成制度。

二是不断增强全民法治观念。在"六五"普法取得系列成果后，2016年3月，中共中央、国务院转发《中央宣传部、司法部关于在公民中开展法治宣传教育的第七个五年规划（2016—2020年）》，"七五"普法工作拉开帷幕。2017年5月，中共中央办公厅、国务院办公厅印发《关于实行国家机关"谁执法谁普法"普法责任制的意见》，首次将国家机关明确为法治宣传教育的责任主体。从让国家机关在执法的过程中精准普法，到落实普法责任制部际联席会议制度建立，"谁执法谁普法"普法责任制普遍实行。2016年6月制定《青少年法治教育大纲》，把法治教育纳入了国民教育体系，截至2021年3月，全国共建立青少年法治教育实践基地3万余个。党委统一领导、部门分工负责、各司其职、齐抓共管的"大普法"格局已经形成。

三是广泛开展普法依法治理活动。设立国家宪法日，宪法宣誓制度普遍实施；更加重视社会矛盾纠纷的调解化解，多元化纠纷解决体系日益健全；完善守法诚信褒奖机制和违法失信行为惩戒机制，社会诚信建设显著加强；深化法治创建活动，尊法守法成为共同追求和自觉行动；法治乡村建设有序推进，社会主义法治文化蓬勃发展。近年来，全国人民调解组织每年调解各类纠纷900万件左右，调解成功率96%以上，筑牢了维护社会和谐稳定的"第一道防线"。31个省（区、市）制定了依法治省（区、市）或法治建设纲要，法治创建活动在省、市、县、乡各层面蓬勃开展。2013—2018年，全国共表彰了781个法治创建活动先进城市（县、市、区），1159个"全国民主法治示范村（社区）"。截至2021年3月，全国共设立法治文化主题公园3500余个、广场1.2万余个、长廊3.4万余个。

随着深入开展习近平法治思想学习宣传,"七五"普法顺利实施完成,全社会法治观念明显增强,社会治理法治化水平明显提高。

改革开放以后,党坚持依法治国,不断推进社会主义法治建设,但在实践中也存在一些不容忽视的问题:"有法不依、执法不严、司法不公、违法不究等问题严重存在,司法腐败时有发生,一些执法司法人员徇私枉法,甚至充当犯罪分子的保护伞,严重损害法治权威,严重影响社会公平正义。"① 针对这种状况,党的十八大以来,以习近平同志为核心的党中央从关系党和国家前途命运的战略全局出发,把全面依法治国纳入"四个全面"战略布局,作出一系列重大决策部署,全面依法治国在继承中创新,在创新中发展。十年来,全面加强党的领导、人民当家作主、依法治国有机统一的制度建设,深入推进科学立法、严格执法、公正司法、全民守法,全面促进法治国家、法治政府、法治社会建设,有效实施国家监察体制改革、行政体制改革、司法体制改革、权力运行制约和监督体系建设,谱写下法治中国建设的崭新篇章。党的十九届六中全会通过的《中

---

① 《中国共产党第十九届中央委员会第六次全体会议文件汇编》,人民出版社2021年版,第66—67页。

共中央关于党的百年奋斗重大成就和历史经验的决议》，高度概括了新时代我们推动全面依法治国取得的历史性成就："中国特色社会主义法治体系不断健全，法治中国建设迈出坚实步伐，法治固根本、稳预期、利长远的保障作用进一步发挥，党运用法治方式领导和治理国家的能力显著增强。"[1]

① 《中国共产党第十九届中央委员会第六次全体会议文件汇编》，人民出版社2021年版，第68—69页。

六、形成全面依法治国的根本遵循

全面依法治国是中国特色社会主义的本质要求和重要保障，是国家治理的一场深刻革命。可以说，把道路问题放在关系全面依法治国全局、决定社会主义法治建设成败的中心位置，这是党的十八大以来党中央全面依法治国的一条最鲜明红线。以习近平同志为核心的党中央从坚持和发展中国特色社会主义、关系党和国家长治久安的战略高度，定位法治、布局法治、厉行法治，对加强和完善社会主义法治的理论认识和实践探索达到了新的历史高度。十八届中共中央政治局共进行了43次集体学习，其中涉及"法治主题"的就有3次，分别就全面推进依法治国、深化司法体制改革和保证司法公正进行、加强反腐倡廉法规制度建设进行了集体学习。党的十九大以来，截至2021年12月，中共中央政治局进行了35次集体学习，其中涉及"法治主题"的有6次，分别就我国宪法和推进全面依法治国、深化国家监察体制改革、新中国国家制度和法律制度的形成和发展、切实实施民法典、加强我国知识产权保护、建设中国特色社会主义法治体系组织集体学习。纵观新时代我国推进法治建设的巨大成就，最根本的经验就是始终坚持党在全面依法治国中总揽全局、协调各方的领导核心地位，把党的领导贯彻落实到全面依法治国的全过程和各方面。正是由于以习近平同志为核心的党中央统一领导、统一部署、统筹推进，切实健全党领导依法治国的体制、机制和制度，有力强化了对全面依法治国方针政策和决策部署的贯彻落实。

一切伟大变革都需要正确理论的指引，一切伟大实践又会产生新的科学理论。党的十八大以来，在全面依法治国的伟大实践中，习近平总书记始终坚持并运用马克思主义立场观点方法，创造性提出关于全面依法治国的一系列新理念新思想新战略，作出一系列重大决策部署，实现了中国特色社会主义法治理论的重大突破、重大创新、重大发展，形成了习近平法治思想，为推进新时代全面依法治国和法治中国建设提供了科学理论指导、行动指南和根本遵循。2020年11月，中央全面依法治国工作会议正式提出了"习近平法治思想"，并将其确立为新时代全面依法治国的指导思想。

习近平法治思想是一个内涵丰富、论述深刻、逻辑严密、系统完备的科学理论体系，是马克思主义法治理论中国化的最新成果。这次会议用"十一个坚持"精辟概括了这一思想的主要内容和核心要义：坚持党对全面依法治国的领导；坚持以人民为中心；坚持中国特色社会主义法治道路；坚持依宪治国、依宪执政；坚持在法治轨道上推进国家治理体系和治理能力现代化；坚持建设中国特色社会主义法治体系；坚持依法治国、依法执政、依法行政共同推进，法治国家、法治政府、法治社会一体建设；坚持全面推进科学立法、严格执法、公正司法、全民守法；坚持统筹推进国内法治和涉外法治；坚持建设德才兼备的高素质法治工作队伍；坚持抓住领导干部这个"关键少数"。这"十一个坚持"系统回答了新时代为什么实行全面依法治国、怎样实行全面依法治国等一系列重大问题，是对马克思主义法治理论和中国特色社会主义法治理论的创造性发展，开辟了马克思主义法治理论中国化的新境界。

习近平法治思想是习近平新时代中国特色社会主义思想的重要组成部分，是全面依法治国的根本遵循和行动指南。2020年10月，党的十九届五中全会通过《中共中央关于制定国民经济和社会发展第十四个五年规划和二〇三五年远景目标的建议》，发出了夺取全面建设社会主义现代化国家新胜利的动员令。夺取新胜利靠什么保障？靠什么来护航"十四五"时期经济社会发展？当然要靠具有规范作用和基础性地位的法治。就"四个全面"战略布局而言，没有全面依法治国，国家生活和社会生活就不可能有序运行，就难以实现社会和谐稳定。开启全面建设社会主义现代化国家、向第二个百年奋斗目标进军的新征程，迫切需要更好发挥法治固根本、稳预期、利长远的保障作用。正因如此，党的十九届五中全会闭幕后不到 20 天的时间，就召开了中央全面依法治国工作会议，不仅明确习近平法治思想在全面依法治国工作中的指导地位，而且部署当前和今后一个时期推进全面依法治国必须抓好抓实的重点任务，提出一系列具有全局性、基础性的重大举措，发出了建设更高水平法治中国的动员令。可见，习近平法治思想凝聚了七十多年党治国理政的大智慧，形成了推进国家治理体系和治理能力现代化的新经验，体现出党中央统筹推进"四个全面"战略布局进入到一个新的高度。

2021 年 11 月，党的十九届六中全会审议通过了《中共中央关于党的百年奋斗重大成就和历史经验的决议》，从 13 个方面总结新时代中国特色社会主义的伟大成就，其中一个重要方面就是全面依法治国。决议突出体现了习近平法治思想的法治使命：从努力让人民群众在每一项法律制度、每一个执法决定、每一宗司法案件中都感受到公平正义，到健全保证宪法全面实施的体制机制，提高国家机构依法履职能力；从加快完善以宪法为核心的中国特色社会主义法律体系，到深化以司法责任制为重点的司法体制改革，确保执法司法公正廉洁高效权威；在全面建设社会主义现代化国家的新征程上，深入推进全面依法治国，发挥法治在国家治理体系和治理能力现代化中的积极作用，为实现中华民族伟大复兴提供更加坚实的保障。

2021 年 12 月，十九届中共中央政治局就建设中国特色社会主义法治体系进行第三十五次集体学习。习近平总书记在主持学习时强调，我国正处在实现中华民族伟大复兴的关键时期，世界百年未有之大变局加速演进，改革发展稳定任务艰巨繁重，对外开放深入推进，需要更好发挥法治固根本、稳预期、利长远的作用。要坚定不移走中国特色社会主义法治道路，以解决法治领域突出问题为着力点，更好推进中国特色社会主义法治体系建设，提高全面依法治国能力和水平，为全面建设社会主义现代化国家、实现第二个百年奋斗目标提供有力法治保障。这是习近平总书记关于新时代推进全面依法治国最新的重要论述，对面向未来、在新的历史起点上推进法治中国建设进行了更深入的理论思考。

实践证明，党的十八大以来，我国社会主义法治建设发生历史性变革、取得历史性成就，根本在于有习近平新时代中国特色社会主义思想，特别是习近平法治思想的科学指引。在全面建设社会主义现代化国家新征程上，我们要以习近平法治思想为指导，坚持全面依法治国，推动法治中国建设迈出新步伐、创造新成就，夯实国家治理现代化的法治根基，不断谱写"中国之治"新篇章。

第六章

☆ ☆ ★ ☆ ☆

全面从严治党取得巨大成果

"勇于自我革命,是我们党最鲜明的品格,也是我们党最大的优势。"中国共产党之所以能由弱到强、发展壮大,带领人民不断从胜利走向胜利,一条重要的经验就是勇于自我革命。党的十八大以来,以习近平同志为核心的党中央把全面从严治党纳入"四个全面"战略布局,统揽伟大斗争、伟大工程、伟大事业、伟大梦想,以"打铁必须自身硬"的要求和无私无畏的斗争精神,开启了一场全面从严治党的自我革命,坚持思想从严、监督从严、执纪从严、治吏从严、作风从严、反腐从严,层层压实管党治党政治责任,形成系统完备的全面从严治党思想体系、制度体系、工作体系,有力解决了党内多年积累的突出问题,党在革命性锻造中更加坚强。

全面从严治党取得巨大成果

一、以八项规定推进党风廉政建设

1. 作风建设要从领导干部抓起，领导干部首先要从中央做起
2. 以刚性的制度规定和严格的制度执行，确保改进作风规范化、常态化、长效化
3. 贯彻中央八项规定是作风建设的重要抓手，也是管党治党的重要举措

二、坚持思想建党和制度治党同向发力

1. 思想建设是党的建设和其他各种建设的基础与灵魂，加强党内思想教育是党的优良传统和成功经验
2. 补齐党内法规制度短板，不断扎紧织密制度笼子，党内法规制度建设取得显著成绩
3. 党内法规制度体系基本框架形成，为坚持和加强党的全面领导、坚持全面从严治党提供有力的制度保障

三、夺取反腐败斗争压倒性胜利

1. 各级纪检监察机关聚焦中心任务，强化监督执纪问责，转职能、转方式、转作风，落实党风廉政建设主体责任
2. 严肃查处严重违纪案件，深得党心民心
3. 习近平总书记要求"不定指标、上不封顶，凡腐必反，除恶务尽"
4. 推进深化国家监察体制改革，把纪律检查体制改革、监察体制改革融为一体
5. 党内政治生态明显好转，党的创造力、凝聚力、战斗力显著增强，党群关系明显改善，党在革命性锻造中更加坚强

四、围绕"两个维护"加强党的政治建设

1. 严明党的纪律，首要的就是严明党的政治纪律，政治纪律是最重要、最根本、最关键的纪律
2. 坚决维护党中央权威和集中统一领导
3. 坚决维护习近平总书记党中央的核心、全党的核心地位
4. 把党的政治建设纳入新时代党的建设总体布局并作为根本性、统领性建设

一、以八项规定推进党风廉政建设

办好中国的事，关键在党，党要管党、从严治党。改革开放以后，党坚持党要管党、从严治党，推进党的建设取得明显成效。同时，由于一度出现管党不力、治党不严问题，有些党员、干部政治信仰出现严重危机，一些地方和部门选人用人风气不正，形式主义、官僚主义、享乐主义和奢靡之风盛行，特权思想和特权现象较为普遍存在。特别是搞任人唯亲、排斥异己的有之，搞团团伙伙、拉帮结派的有之，搞匿名诬告、制造谣言的有之，搞收买人心、拉动选票的有之，搞封官许愿、弹冠相庆的有之，搞自行其是、阳奉阴违的有之，搞尾大不掉、妄议中央的也有之，政治问题和经济问题相互交织，贪腐程度触目惊心。这"七个有之"问题严重影响党的形象和威信，严重损害党群干群关系，引起广大党员、干部、群众强烈不满和义愤。①

2012年11月15日,十八届中央政治局常委甫一亮相,刚刚当选中共中央总书记的习近平就用冷静而洪亮的声音提醒我们:"新形势下,我们党面临着许多严峻挑战,党内存在着许多亟待解决的问题。尤其是一些党员干部中发生的贪污腐败、脱离群众、形式主义、官僚主义等问题,必须下大气力解决。全党必须警醒起来。"②习近平总书记以强烈的历史责任感、深沉的使命忧思感,向全党和全国各族人民作出庄严承诺——同全党同志一道,坚持党要管党、从严治党,切实解决自身存在的突出问题,切实改进工作作风,密切联系群众,使我们党始终成为中国特色社会主义事业的坚强领导核心。

仅仅过了20天,习近平总书记主持召开中共中央政治局会议,审议通过了《十八届中央政治局关于改进工作作风、密切联系群众的八项规定》。八项规定内容不多,只有短短的600多字,但却指向清晰,从改进调查研究、精简会议活动、精简会议简报、规范出访活动、改进警卫工作、改进新闻报道、严格文稿发表、

① 《中国共产党第十九届中央委员会第六次全体会议文件汇编》,人民出版社2021年版,第52—53页。

② 《习近平谈治国理政》第1卷,外文出版社2014年版,第4页

厉行勤俭节约八个方面，设立了改进工作作风、密切联系群众的刚性规定。习近平总书记在会议讲话中指出，领导干部特别是高级领导干部作风如何，对党风政风乃至整个社会风气具有重要影响。抓作风建设首先要从中央政治局做起，要求别人做到的自己先要做到，要求别人不做的自己坚决不做，以良好党风带动政风民风，真正赢得群众信任和拥护。会议强调，能否改进工作作风、密切联系群众，关系党和人民事业成败；制定这方面的规定，指导思想就是从严要求，体现从严治党。各级党政机关和领导干部要坚持以人为本、执政为民，带头改进工作作风，带头深入基层调查研究，带头密切联系群众，带头解决实际问题。

"作风建设要从领导干部抓起，领导干部首先要从中央做起。"立下规矩后，习近平总书记以身作则、率先垂范，始终带头严格执行中央八项规定，给全党树立了典范。十年间，这样的细节不胜枚举：习近平总书记国内考察，轻车简从深入基层，察实情、重实效。他亲自把关调研方案，要求考察场所不清场闭馆，不封路封园，保持原风原貌、不做修饰，在调研中同广大人民群众近距离亲切交谈；考察途中，他多次在专列上午休、过夜，减轻地方负担，降低接待规格，亲自审定菜单，严格要求"四菜一汤"。出国访问，习近平总书记多次指示要精算代表团饭店入住天数，能省则省，不要浪费，住地不要豪华，干净舒适即可。参加全国两会代表团审议、在地方考察召开专题座谈会时，习近平总书记明确提出让各方面代表和基层同志多发言；出席党的全会时，强调分组讨论要改进会风，发言直奔主题，不作工作汇报，带头改进会风文风。2013年6月，按照中央关于党的群众路线教育实践活动率先在中央政治局开展的精神，中共中央政治局召开专门会议，对照检查八项规定贯彻落实情况，讨论研究加强作风建设的措施和制度。在习近平总书记的带领下，中央政治局同志身体力行、以上率下，严格执行八项规定：从"开短会""轻车简从""厉行勤俭节约"，到"老虎苍蝇一起打""狠刹'舌尖上的腐败'""清卡"等反腐举措，再到旗帜鲜明提出要在群众路线教育实践活动中反对"四风"。特别是每年召开主题鲜明、从严从实的民主生活会，中央政治局的同志逐个发言，交流思想、检视问题、深刻剖析，开展批评和自我批评，更为全党带了好头、立了标杆、作了表率。来自中央政治局率先垂范的一系列举措，向全国人民持续传递贯彻执行八项规定精神的信心与决心。

说到就要做到，承诺就要兑现。作为改进作风的利器，中央八项规定自其诞生之日起，就充满纪律刚性。此后，从部署党的群众路线教育实践活动，把贯彻执行中央八项规定精神作为切入点，聚焦"四风"问题，到开展"三严三实"专题教育，把贯彻落实中央八项规定精神作为重要内容，深入查找、切实解决"不严不实"问题，再到启动"两学一做"学习教育，让全体党员经常性地学习包括作风、纪律在内的党章党规党纪。党中央把贯彻落实八项规定精神作为"抓手"，一以贯之，步步深入。各级各部门党组织认真落实主体责任，持之以恒、锲而不舍，形成了层层落实责任、层层传导压力，深入贯彻落实中央八项规定精神的良好氛围。每到重要时间节点，中央纪委都会强调从严执纪正作风。纪检监察机关针对具体问题，严把纪律"戒尺"，积极行动、步调一致，节前早提醒、严明纪律要求，节中抓检查、紧盯违纪问题，节后严处理、加强通报曝光，持续形成高压态势，解决了一些群众深恶痛绝的"四风"问题，刹住了一些曾被认为不可能刹住的歪风邪气，攻克了一些司空见惯的顽瘴痼疾，引领党风政风和社风民风持续向上向善。八项规定的出台，是党中央加强党的建设、改进工作作风的第一步，解决了作风建设"老虎吃天不知从哪儿下口"的问题。

抓住这个切入口后，中央一方面刚性执纪，一方面建章立制，逐渐以刚性的制度规定和严格的制度执行，确保改进作风规范化、常态化、长效化。2013年11月，《党政机关厉行节约反对浪费条例》印发施行，成为从源头上狠刹奢侈浪费之风的综合性、基础性党内法规。以条例为引领，一个"1+20"的制度框架不断建立完善，从预算管理、公务接待、公务用车、因公出国、领导干部待遇、办公用房、国内公务出差等各个方面，中央和国家机关根据职责分别延伸制定相关制度规定，织起厉行节约、反对浪费的制度之笼。这一系列制度规定，为中央八项规定精神的落实，提供了一个可执行、可操作的"顶层规范"。2015年10月，中共中央印发《中国共产党廉洁自律准则》《中国共产党纪律处分条例》，为深化和坚持落实中央八项规定精神、纠正"四风"提供了坚强纪律保障。准则提出全体党员和党员领导干部必须继承发扬党的优良传统和作风，要求党员坚持公私分明、崇廉拒腐、尚俭戒奢、吃苦在前，要求党员领导干部廉洁从政、用权、修身、齐家。条例更是将党的十八大以来落实中央八项规定精神、反对"四风"方面的要求，转化为纪律条文。这两部重要党内法规，为持续深入改进作风划出了高标准，标明了"底线"和"红线"。中央八项规定和相关制度规范的陆续出台，为改进工作作风，密切党同人民群众的血肉联系提供了根本遵循。各地区各部门根据中央八项规定的要求，结合本地区本部门实际，制定了一系列改进作风、密切联系群众的具体措施，使得改进作风的制度规范更具体、标准更清晰。2016年7月，《中国共产党问责条例》正式施行，为改进作风再添新的重要保障。2019年9月，修订后的《中国共产党问责条例》发布，规定对不履行或者不正确履行职责，导致"党的作风建设松懈，落实中央八项规定及其实施细则精神不力"的党组织和党的领导干部，应当予以问责。用好问责利器，促使党组织和党的领导干部扛起改进作风的政治责任。

持续"动真格"，以钉钉子精神久久为功，这是人民群众对八项规定最为深刻的印象。贯彻中央八项规定是作风建设的重要抓手，也是管党治党的重要举措，集中体现了我们党勇于自我革命、深入推进全面从严治党的决心和成效。十年来，八项规定成为全面从严治党的有力抓手，一系列剑指作风之弊的实招硬招频频出击，一项项针对作风建设的组合拳效果空前，一个节点一个节点执着坚守，一个阶段一个阶段持续推进，不断释放出坚决从严治党的信号。在党中央的坚强领导下，各级纪检监察机关把违反中央八项规定精神的行为列为执纪审查重点，从狠刹公款送礼、公款吃喝、公款旅游、奢侈浪费等不正之风，到着力推进基层减负，再到倡导勤俭节约、反对铺张浪费，我们党持续整治"四风"。据中央纪委国家监委公布的数据，从八项规定出台到2021年6月底，全国纪检监察机关查处违反中央八项规定精神问题63.7万件、党纪政务处分55.8万人。在监督执纪问责细与严的氛围下，中央八项规定精神进一步深入人心，"不敢"的态势日益强化，让激浊扬清之风吹遍神州大地，提升了党在人民心中的形象和威信，给老百姓带来了实实在在的获得感、幸福感、安全感。时至今日，"八项规定"已经成为家喻户晓的高频词、作风建设的金标准，成为新时代中国共产党的亮丽名片。连续100多个月公布的月报数据，见证着中央八项规定精神的落实落地，体现了"作风建设永远在路上，永远没有休止符"的兑现。

二、坚持思想建党和制度治党同向发力

思想建党是我们党的传家宝，制度建设是全面从严治党的长远之策。2013年在开展群众路线教育实践活动时，习近平总书记提出了思想建党和制度治党紧密结合的新思想。他说："从严治党靠教育，也靠制度，二者一柔一刚，要同向发力、同时发力。"思想教育要结合落实制度规定来进行，"要使加强制度治党的过程成为加强思想建党的过程，也要使加强思想建党的过程成为加

强制度治党的过程","制度不在多,而在于精,在于务实管用,突出针对性和指导性"。[①]这是党的思想理论建设的一个重要创新。

思想建设是党的建设和其他各种建设的基础与灵魂,加强党内思想教育是我们党的优良传统和成功经验。2012年11月,习近平总书记在中共十八届中央政治局第一次集体学习时指出,理想信念就是共产党人精神上的"钙",没有理想信念,或者理想信念不坚定,精神上就会"缺钙",就会得"软骨病"。党的十八大以来,党中央把思想建党高度重视起来,推进党内教育常态化制度化,用党的理想信念"补钙""壮骨",以党的创新理论凝神铸魂。为使党员理想信念根基更加牢固,党中央连续开展了五次大规模的专题思想教育。

第一次是党的群众路线教育实践活动。 2013年4月,中央政治局会议决定,从2013年下半年开始,用一年左右时间,在全党自上而下分批开展党的群众路线教育实践活动;5月9日,中共中央下发了《关于在全党深入开展党的群众路线教育实践活动的意见》。这场教育的真正目的和意义,在于把党的群众路线全面

[①] 《十八大以来重要文献选编》(中),中央文献出版社2016年版,第94—95页。

贯彻落实到执政治国的实践中去，教育引导党员干部牢固树立全心全意为人民服务的宗旨意识、马克思主义群众观点，创新群众工作方式方法，切实改进工作作风，带领人民全面建成小康社会，共圆中国梦。自2013年6月至2014年10月，一场以县处级以上领导机关、领导班子和领导干部为重点，中央政治局带头，以"为民、务实、清廉"为主题，按照"照镜子、正衣冠、洗洗澡、治治病"为总要求的群众路线教育实践活动，自上而下在全党深入开展。经过一年多的教育实践活动，收到了"党员干部受教育，人民群众得实惠"的显著效果。伴随"打老虎""拍苍蝇""全球猎狐"等反腐倡廉的同步进行，广大群众普遍称道"党的优良传统又回来了"。

第二次是"三严三实"专题教育。 2014年10月，在党的群众路线教育实践活动总结大会上，习近平总书记对领导干部提出"三严三实"的要求，即"既严以修身、严以用权、严以律己，又谋事要实、创业要实、做人要实"。他强调这是"共产党人最基本的政治品格和做人准则，也是党员、干部的修身之本、为政之道、成事之要"。2015年4月，中共中央办公厅印发《关于在县处级以上领导干部中开展"三严三实"专题教育方案》，明确这个专题教育作为党的群众路线教育实践活动的延展深化，作为加强党的思想政治建设和作风建设的重要举措，要融入领导干部经常性学习教育，不分批次、不划阶段、不设环节，不是一次活动。自2015年4月至2016年2月，以践行"严以修身、严以用权、严以律己；谋事要实、创业要实、做人要实"为主题的"三严三实"专题教育，巩固了反腐倡廉的重大成果,力图使领导干部守住底线,不踩红线,不碰高压线,使反腐倡廉态势从"不敢贪""不能贪",朝"不想贪"方向发展,有利于确保领导干部成为信念坚定、为民服务、勤政务实、敢于担当、清正廉洁的好干部,不断增强党自我净化、自我完善、自我革新、自我提高的能力,始终保持党同人民群众的血肉联系。重在发挥好领导干部标杆引领作用的"三严三实"专题教育,逐步形成了常态化的制度安排。

第三次是"两学一做"学习教育。2016年2月,中共中央办公厅印发了《关于在全体党员中开展"学党章党规、学系列讲话,做合格党员"学习教育方案》,要求各地区各部门认真贯彻执行。开展"两学一做"学习教育,是落实党章关于加强党员教育管理要求、面向全体党员深化党内教育的重要实践,是推动党内教育从"关键少数"向广大党员拓展、从集中性教育向经常性教育延伸的重要举措,是加强党的思想政治建设的重要部署。中央要求党员带着问题学,针对问题改,着力解决一些党员理想信念模糊动摇、党的意识淡化、宗旨观念淡薄、精神不振、道德不端等突出问题。在学习教育中要强化四个"铁"的主心骨,着力建设一支具有铁一般信仰、铁一般信念、铁一般纪律、铁一般担当的党员队伍。坚持以学促做,引导广大党员增强政治意识、大局意识、核心意识、看齐意识,做讲政治、有信念,讲规矩、有纪律,讲道德、有品行,讲奉献、有作为的合格党员,发挥共产党员的先锋模范作用。随着"两学一做"主题教育的深化,党中央及时抓实基层党支部建设,推进学习教育从集中性教育向经常性教育发展，加强学习教育常态化制度化的基础性建设。

第四次是"不忘初心、牢记使命"主题教育。从 2017 年 10 月习近平总书记在党的十九大上宣布在全党开展"不忘初心、牢记使命"主题教育，到 2019 年 6 月全党正式开展"不忘初心、牢记使命"主题教育，其间足足准备了一年零八个月的时间。2019 年 5 月，中央政治局会议决定，从当年 6 月开始在全党自上而下分两批开展"不忘初心、牢记使命"主题教育。这次为期半年的主题教育，把深入学习贯彻习近平新时代中国特色社会主义思想作为根本任务，全面把握守初心、担使命，找差距、抓落实的总要求，是新时代深化党的自我革命、推动全面从严治党向纵深发展的生动实践。通过开展"不忘初心、牢记使命"主题教育，提高了各级党组织和广大党员干部知信行合一能力，增强了全党特别是"关键少数"守初心、担使命的思想自觉和行动自觉，涵养了风清气正的政治生态，消除了一些可能动摇党的根基、阻碍党的事业的因素，推动了改革发展稳定各项工作，促进了全党思想上的统一、政治上的团结、行动上的一致，为我们党统揽"四个伟大"、实现"两个一百年"奋斗目标作了思想上政治上组织上作风上的有力动员。

第五次是全党开展党史学习教育。2021 年 2 月，中共中央印发《关于在全党开展党史学习教育的通知》，就党史学习教育作出部署安排。通知指出，开展党史学习教育，目的是从党的百年伟大奋斗历程中汲取继续前进的智慧和力量，巩固深化"不忘初心、牢记使命"主题教育成果，深入学习贯彻习近平新时代中国特色社会主义思想，激励全党做到学史明理、学史增信、学史崇德、学史力行，引导广大党员干部增强"四个意识"、坚定"四个自信"、做到"两个维护"，不断提高政治判断力、政治领悟力、政治执行力，为全面建设社会主义现代化国家、实现中华民族伟大复兴中国梦而不懈奋斗。开展党史学习教育活动，对于总结历史经验、认识历史规律、掌握历史主动，对于传承红色基因、牢记初心使命、坚持正确方向，对于进一步统一思想、统一意志、统一行动，建设更加强大的马克思主义执政党，在新的历史起点上奋力夺取新时代中国特色社会主义伟大胜利，具有重大而深远的意义。

以上五次大规模的专题思想教育是一个思想建党、理论强党的系统工程，前面三次教育是铺垫，第四次教育是升华，第五次教育是纵深。其内在逻辑和历史走势是：由党的十八大产生的新一代领导集体，握过接力棒、续写大文章，首次教育突出群众路线，继承弘扬党的优良传统和根本优势，体现我们党不忘初心、不丢本色，不辱使命；其次善抓关键，在领导干部和领导班子中开展"三严三实"教育，确保党的坚强领导和清廉作风；紧接着突出抓党内主体的全员教育，以"两学一做"教育推进党员队伍建设和发挥先锋模范作用；然后在巩固前三次教育常态化、制度化的基础上，结合新中国建立70周年契机推出第四次教育，升华到不忘初心、牢记使命、永远奋斗的新境界，在重温不变初心中升华理想信念；最后在我们党百年华诞的重大时刻和"两个一百年"历史交汇的关键节点进行第五次教育，从党的百年奋斗中看清楚过去我们为什么能够成功、弄明白未来我们怎样才能继续成功，从而在新的征程上更加坚定、更加自觉地牢记初心使命、开创美好未来。这五者之间前后相继、一以贯之，浑然一体，体现了党内主题教育和思想建设的总体设计。五次党内教育的共同点是，事业发展永无止境，但共产党人"为中国人民谋幸福、为中华民族谋复兴""以百姓心为心，与人民同呼吸、共命运、心连心"的初心永远不能改变，要始终保持党的先进性和纯洁性、始终保持党同人民群众的血肉联系。

治党务必从严，从严必依法度。一套系统完备的党内法规体系，是全面从严治党的长远之策、根本之策，是党战胜一切风险挑战的政治保证、制度保证。党的十八大以来，党中央坚持全面从严治党、依规治党，着眼解决管党治党中存在的一些深层次矛盾和问题，补齐党内法规制度短板，不断扎紧织密制度笼子，党内法规制度建设取得显著成绩。2013年5月，《中国共产党党内法规制定条例》和《中国共产党党内法规和规范性文件备案规定》陆续发布，中国共产党首次拥有正式的党内"立法法"，为党内法规制度体系建设提供基本依据和规范。到2014年底，党中央分两个阶段系统全面清理了新中国成立至2012年6月期间中央出台的全部文件，共清理党内法规和规范性文件1178件，其中322件在清理中被废止、369件被宣布失效，二者合计占到58.7%。党内法规清理是党内法规制度建设迈向科学化、规范化的关键转折，为进一步健全完善打下基础。2015年8月，中共中央颁布《中国共产党巡视工作条例》，成为党内法规制度建设的第一个主干制度。新修订的巡视工作条例及时将党的十八大以来党中央巡视工作方针和实践经验，以法规制度形式确定下来，一体贯彻落实。其中最大亮点在于以党内法规的形式明确提出落实全面从严治党"两个责任"的要求。2015年10月，中共中央政治局审议通过修订后的《中国共产党廉洁自律准则》和《中国共产党纪律处分条例》，两部法规坚持依规治党和以德治党相结合，分别以正面倡导和负面清单向全党提出高标准和守底线的要求，是对党章规定的具体化。2016年7月，中共中央政治局审议通过《中国共产党问责条例》，问责条例是第一部规范党的问责工作的基础性法规，为全面从严治党提供了新的制度利器，明确了责任追究范围，不仅把责任压给各级党组织，分解到党的工作部门，而且还释放有责必问、问责必严的强烈政治信号。2016年10月，党的十八届六中全会审议通过了《关于新形势下党内政治生活的若干准则》和《中国共产党党内监督条例》，两部法规继承和发扬了党在长期实践中形成的优良传统和基本规范，同时结合新的形势和任务，与时俱进地制定了新的规定，全面提高了党内政治生活和党内监督的制度化、规范化、程序化水平。2017年1月，十八届中央纪委七次全会审议通过《中国共产党纪律检查机关监督执纪工作规则（试行）》，全面梳理整合监督执纪相关制度，把纪委的权力关进了制度笼子。从十八大到十九大的五年间，中央共出台或修订近80部党内法规，超过现有党内法规的40%。

一部部党内法规的制定，既体现出党中央管党治党的新理念新思想新实践，也为全面从严治党提供了制度保障。随着一大批党内法规相继落地，到建党 100 周年时已经形成了一个比较完善的党内法规体系。截至 2021 年 7 月 1 日，全党现行有效党内法规共 3615 部。其中，党中央制定的中央党内法规 211 部，中央纪律检查委员会以及党中央工作机关制定的部委党内法规 163 部，省、自治区、直辖市党委制定的地方党内法规 3241 部。党内法规使用党章、准则、条例、规定、办法、规则、细则 7 类名称。一批重要的基础性党内法规构成党内法规制度体系的主干，基本形成了以《党章》为根本，若干配套党内法规为支撑的，基础性、综合性和专门性党内制度并存的党内法规制度体系。党内法规制度体系基本框架的形成，让"坚持党对一切工作的领导"和"坚持全面从严治党"融贯成有机的整体，为坚持和加强党的全面领导、坚持全面从严治党提供有力的制度保障。

全面从严治党的根本目的，就是探索出一条党长期执政条件下实现自我净化的有效途径。党的十八大以来，党中央把纪律建设纳入党的建设总体布局，两次修订《中国共产党纪律处分条例》，形成了六大纪律体系，以严明的纪律管全党治全党，有效运用监督执纪"四种形态"，由"惩治极少数"向"管住大多数"拓展。根据党的十九大的安排，深化国家监察体制改革，进一步完善党和国家监督体系，实现了巡视监督、派驻监督、国家监察三个全覆盖，有力推进了国家治理体系和治理能力现代化。由于强化制度的执行落实，各级党组织和党员、干部敬畏党内法规权威，严格遵守党章党规，以钉钉子精神抓好制度落地执行，敢于向违反、破坏党内法规制度的行为"亮剑"，党内法规制度逐渐植入党心民心，不断把党的建设新的伟大工程推向深入。截至2021年6月底，全国纪检监察机关共立案审查调查388.4万件、417.3万人，给予党纪政务处分380.4万人，90多万名党员被开除出党。

2021年12月20日，全国党内法规工作会议在京召开。习近平总书记会前专门作出重要指示，强调要发挥好党内法规在维护党中央集中统一领导、保障党长期执政和国家长治久安方面的重大作用，在推进新时代党的建设新的伟大工程、落实全面从严治党方面的重大作用，确保党在坚持和发展中国特色社会主义的历史进程中始终成为坚强领导核心，为全面建设社会主义现代化国家、实现中华民族伟大复兴的中国梦提供坚强政治保证。站在新的历史起点上，我们要深刻总结运用长期以来特别是党的十八大以来的宝贵经验，科学谋划、系统推进，更好发挥党内法规制度建设对党和国家事业发展的引领和保障作用；进一步创新和完善管党治党制度规定，把党的领导体现到国家治理的各领域各方面各环节，使制度优势更好转化为治理效能，使中国特色社会主义制度焕发出更加强大的生机活力。

三、夺取反腐败斗争压倒性胜利

腐败是党面临的最大威胁，严重侵蚀党的执政基础。2012年

11月，习近平总书记在中共十八届中央政治局第一次集体学习时指出："大量事实告诉我们，腐败问题越演越烈，最终必然会亡党亡国！我们要警醒啊！近年来我们党内发生的严重违纪违法案件，性质非常恶劣，政治影响极坏，令人触目惊心。"[①]面对一段时间党内腐败问题比较严重的状况，以习近平同志为核心的党中央，以"得罪千百人、不负十四亿"的坚定决心，坚持反腐败无禁区、全覆盖、零容忍，坚定不移"打虎""拍蝇"，深化国际反腐败执法合作，织密国际追逃"天网"，以雷霆之势、霹雳手段惩治腐败，持续形成强大威慑。

2012年12月，四川省委原副书记李春城落马，距他当选十八届中央委员会候补委员仅半个多月。这就拉开了中共新一代领导人反腐败斗争的序幕，英国《每日电讯》就此刊文称："似乎没有浪费什么时间就言出必行。"其实，一开始群众对反腐败斗争是心存疑虑的。既担心反腐只是一阵风，根本无法让腐败分子"伤筋动骨"，反而会造成更多干部滋生侥幸心理，也担心"打虎灭蝇"不够深入，反让腐败分子藏得更深，以后危害更大，甚至拿群众"撒气"。

[①]《十八大以来重要文献选编》（上），中央文献出版社2014年版，第81页。

但在短短两三年时间里，新一届党中央以零容忍的决心和硬碰硬的行动，在各个领域拿腐败分子开刀，树立了带电的"高压线"，实施了"霹雳行动"，给广大群众吃了"定心丸"。一是各级纪检监察机关聚焦中心任务，强化监督执纪问责，转职能、转方式、转作风，落实党风廉政建设主体责任，完成对31个省区市和新疆生产建设兵团巡视全覆盖，对19个部门和中央企事业单位开展专项巡视，巡视强度力度全面提升、效果显著。2013年底，中央巡视组进驻山西，随后7名省部级干部落马，揭开当地"系统性、塌方式腐败"的盖子；2014年底，"中石油腐败系列案"水落石出，先后有46人因此"倒下"；2015年，军队反腐取得突破性进展，40名军级以上"老虎"被查；2016年，中央巡视组在辽宁杀了个"回马枪"，惊天贿选案浮出水面；四川、云南、河北等多地挖出腐败窝案；衡阳、南充贿选案被严厉查处；巡视常态化，纪检监察系统的"灯下黑""内鬼"进入监管视线；通过开展"天网行动"、发布"百名红通"名单，一批长期逍遥法外的犯罪嫌疑人成功归案。二是严肃查处周永康、薄熙来、徐才厚、令计划、苏荣等严重违纪案件，深得党心民心。特别是2014年7月，中央政治局原常委、中央政法委原书记周永康落马，震动国际社会。外媒惊呼，"新中国成立以来由于腐败接受审查的职位最高的官员"，"此举极其罕见，显示了中共对于反腐的强烈决心"。三是面对"反腐会让干部不作为""反腐影响经济发展"等杂音，习近平总书记表示"我看天塌不下来"，要求纪检监察机关"发现一起查处一起，发现多少查处多少，不定指标、上不封顶，凡腐必反，除恶务尽"。这些如铁誓言和万钧雷霆，"'老虎''苍蝇'一起打"，表明一场新中国历史上、中国共产党历史上，力度、广度、深度空前的反腐败斗争的确拉开了大幕。

据统计，十八届党中央五年间，立案审查省军级以上党员干部及其他中管干部达440人，其中十八届中央委员、候补中央委员43人，中央纪委委员9人。全国纪检监察机关共处置问题线索267.4万件，立案154.5万件，处分153.7万人，其中厅局级干部8900余人，县处级干部6.3万人，乡科级干部24.6万人，村支书、村委会主任27.8万人，涉嫌犯罪被移送司法机关处理5.8万人。一手刮骨疗毒、猛药去疴，一手大刀阔斧，系统性重塑党的肌体和灵魂：加强监督执纪"四种形态"，经常开展批评和自我批评、约谈函询，让"红红脸、出出汗"成为常态。通过强化不敢腐的震慑，扎紧不能腐的笼子，构筑不想腐的堤坝，打通三者内在联系，通过有效处置化解存量、强化监督遏制增量、提高觉悟源头治本，使标本兼治的综合效应日益凸显：党纪轻处分、组织调整的成为违纪处理的大多数，党纪重处分、重大职务调整的成为少数，严重违纪涉嫌违法立案审查的成为极少数。对于五年来反腐败斗争成效，党的十九大报告指出："不敢腐的目标初步实现，不能腐的笼子越扎越牢，不想腐的堤坝正在构筑，反腐败斗争压倒性态势已经形成并巩固发展。"[①]

党的十九大仍然作出"反腐败斗争形势依然严峻复杂"的政治判断，要求坚持无禁区、全覆盖、零容忍，坚持重遏制、强高压、长震慑，坚持受贿行贿一起查，坚决防止党内形成利益集团。2018年1月，习近平总书记在第十九届中央纪委第二次会议上的讲话强调"以永远在路上的执着把从严治党引向深入"。他指出，不管十年、二十年，腐败分子尚有一人在逃，追逃就绝不停止，展现了党中央一刻不停歇地推进党风廉政和反腐败斗争的坚强意志。

党的十九大之后，党中央驰而不息推进反腐败斗争深入发展。推进深化国家监察体制改革，把纪律检查体制改革、监察体制改革融为一体，设立国家监察委员会及地方各级监察委员会，形成反腐败的专门工作力量，握指成拳、惩治腐败，这都是重大的政治体制改革，从而

[①]《中国共产党第十九次全国代表大会文件汇编》，人民出版社2017年版，第7页。

加强了党对反腐败工作全方位、全过程的领导。中央纪委按照党中央要求，紧盯重点人、重点领域，紧盯党的十八大以来不收敛、不收手，问题反映集中、群众反映强烈的问题，紧盯工程建设、土地出让、公共资源交易、金融、国企、政法司法、教育、医疗这些重点领域，紧盯群众身边的腐败，进行坚决查处。通过坚持标本兼治、综合施治，形成了无禁区、全覆盖、零容忍的战略态势，形成了利剑高悬、震慑常在，发现一起、查处一起的常态。

从"腐败和反腐败两军对垒，呈胶着状态"，到"反腐败斗争压倒性态势正在形成"，从"压倒性态势已经形成"，到"反腐败斗争取得压倒性胜利并全面巩固"，表述变化的背后体现的是党中央"永远在路上"的坚定决心和刮骨疗伤、壮士断腕的革命勇气，是坚持重遏制、强高压、长震慑的效应。在"打虎"方面，从党的十八大以来至2021年5月底，全国纪检监察机关立案审查调查省部级以上干部392人、厅局级干部2.2万人、县处级干部17万余人、乡科级干部61.6万人。在惩治腐败的震慑下，在党的政策的感召下，党的十九大以来已有4万多人主动投案。在"拍蝇"方面，从党的十九大之后到2021年5月底，查处涉及民生领域的问题、侵害群众利益的问题39万余件，处理了35.9万人。在"猎狐"方面，自2014年"天网行动"开展以来，至2021年5月底，已从120个国家和地区追回外逃人员9165人，其中党员和国家工作人员2408人，追回赃款217.39亿元，"百名红通人员"已有60名归案。惩治震慑、制度约束、提高觉悟一体发力，标本兼治综合效应更加凸显。

作家二月河曾经感慨地说，"现在的反腐败力度，读遍二十四史都找不到"，"可谓'春雷一击，震撼四野，蛟龙愤怒，鱼鳖惊慌'，整个中国官场形势为之一变"。针对一些腐败案件暴露出的煤炭资源领域问题，中央纪委国家监委向内蒙古自治区发出纪检监察建议，要求开展专项整治。2020年，内蒙古开展"倒查20年"专项整治。截至2021年10月底，全区共立案涉煤案件736件、1023人，其中厅局级干部69人、县处级干部243人，给予党纪政务处分820人，组织处理966人，移送司法机关129人，追责问责1656人，为国家挽回经济损失523.88亿元。

十年来史无前例的反腐败斗争，不仅没有影响党的形象和权威，反而一再证明了其正确性、必要性，展示了中国共产党刀刃向内、刮骨疗毒、勇于自我革命的气魄。反腐有多得民心？国家统计局数据显示，党的十八大前，人民群众对党风廉政建设和反腐败工作的满意度是75%，2013年是81%，2014年是88.4%，2015年是91.5%，2016年是92.9%，连年走高。2020年，人民群众对反腐败工作满意率为95.8%。习近平总书记评价指出："以'打虎'、

'拍蝇'、'猎狐'惩治腐败,刹住了一些过去被认为不容易刹住的歪风邪气,攻克了一些司空见惯的顽瘴痼疾,解决了许多长期想解决而没有解决的难题,消除了党和国家内部存在的严重隐患,党内政治生态明显好转,党的创造力、凝聚力、战斗力显著增强,党群关系明显改善,党在革命性锻造中更加坚强,以党的伟大自我革命推动了伟大的社会革命。"[1]

四、围绕"两个维护"加强党的政治建设

党要管党,首先要从党内政治生活管起;从严治党,首先要从党内政治生活严起。2012年11月,习近平总书记在十八届中央政治局第一次会议上强调,"大家要带头遵守党的组织原则和党内政治生活准则,懂规矩,守纪律"[2]。2013年1月,他在十八届中央纪委第二次全会上进一步指出,严明党的纪律,首要的就是严明党的政治纪律,政治纪律是最重要、最根本、最关键的纪律。会议还提出,党的各级纪律检查机关要把维护党的政治纪律放在首位,加强

[1] 习近平:《在全国组织工作会议上的讲话》,人民出版社2018年版,第7页。

[2]《习近平关于全面从严治党论述摘编》,中央文献出版社2016年版,第23页。

对政治纪律执行情况的监督检查，铲除政治腐败和经济腐败相互交织形成的利益集团，消除重大政治隐患。党的十八大以后的五年，党中央两次修订《中国共产党巡视工作条例》，制定中央巡视工作五年规划，组织开展12轮巡视，巡视277个党组织，在党的历史上首次实现一届任期内巡视全覆盖。修订党内监督条例，加强对党内政治生活状况、党的路线方针政策执行情况监督检查，坚决维护党中央权威和集中统一领导。

历史和现实都表明，要治理好我们这个大党、治理好我们这个大国，保证党的团结和集中统一至关重要，维护党中央权威至关重要。什么时候党中央有权威，党就有力量。如果党中央没有权威，党的理论和路线方针政策可以随意不执行，党就会变成一盘散沙，就会成为自行其是的"私人俱乐部"，党的领导就会成为一句空话。维护党中央权威和集中统一领导，决不是一般问题和个人的事，而是方向性、原则性问题，是党性，是大局。党员的对党忠诚，就是要与党中央同心同德，听党指挥、为党尽责，严守党的政治纪律和政治规矩，始终在政治立场、政治方向、政治原则、政治道路上同党中央保持高度一致。对党忠诚，必须体现在对党组织的忠诚上，必须体现在对党的理论和路线方针政策的忠诚上，把维护党中央权威和集中统一领导作为明确的政治准则和根本的政治要求，自觉做到党中央提倡的坚决响应、党中央决定的坚决执行、党中央禁止的坚决不做，执行党中央决策部署不讲条件、不打折扣、不搞变通。但是，改革开放后由于一度出现管党不力、治党不严问题，有些党员、干部政治信仰出现严重危机，工作中违反政治纪律的行为屡见不鲜。党的十八大后的五年，中央纪委查处的中管干部案件，从李春城到孙政才，共292人，几乎都有违反政治纪律的行为，绝大多数都有政治问题和经济腐败相互交织的严重问题，特别是有不少人在党的十八大之后仍然不收手。可见，严肃党的政治纪律，加强党的政治建设，维护党中央的权威，已非常紧迫、十分必要。

船重千钧，掌舵一人。我们这样一个有着十四亿人口的大国，必须有一个众望所归的领袖；我们这样一个有着九千多万名党员的大党，必须有一个坚强的领导核心。没有党中央的核心、全党的核心，就没有党中央的权威和集中统一领导，就会导致各自为阵、各自为政，那就什么事情都干不成。党的十八大以来，习近平总书记带领全党全国各族人民接续推进伟大社会革命，开创了中国特色社会主义新时代，开辟了马克思主义中国化新境界，推动党和国家事业取得历史性成就、发生历史性变革，展现出坚定信仰信念、鲜明人民立场、非凡政治智慧、顽强意志品质、强烈历史担当、高超政治艺术，赢得了全党全国各族人民衷心拥护，赢得了国际社会高度赞誉，在新的伟大斗争实践中逐渐成为党中央的核心、全党的核心。2016年10月，中共十八届六中全会正式明确了习近平同志作为党中央的核心、全党的核心地位。全会号召全党同志紧密团结在以习近平同志为核心的党中央周围，牢固树立政治意识、大局意识、核心意识、看齐意识，坚定不移维护党中央权威和集中统一领导。2017年党的十九大上，习近平新时代中国特色社会主义思想正式确立，把习近平总书记党中央的核心、全党的核心地位写入党章。确立和维护习近平总书记党中央的核心、全党的核心地位，是全党全国各族人民的共同愿望，是推进全面从严治党、提高党的创造力凝聚力战斗力的迫切要求，是保持党和国家事业发展正确方向的根本保证。

党的十九大报告把政治建设摆在党的建设第一条，是有极强的现实针对性的。一是坚决维护党中央权威和集中统一领导。事在四方，要在中央。党中央是大脑和中枢，党和国家大政方针的决定权在党中央。地方和部门的权威来自党中央权威，地方和部门的工作是对党中央决策部署的具体落实。党的任何组织和成员必须以实际行动维护党中央一锤定音、定于一尊的权威，必须服从党中央集中统一领导。习近平总书记强调，坚决维护党中央权威和集中统一领导，是党的领导的最高原则，任何时候任何情况下都不能含糊、不能动摇。二是坚决维护习近平总书记党中央的核心、全党的核心地位。服从核心、维护核心就是服从大局、维护大局，就是最大的政治。全党同志特别是党的领导干部要从事关党和国家前途命运的战略高度，坚决维护习近平总书记党中央的核心、全党的核心地位。要教育引导党员干部从历史和现实、理论和实践、国内和国际的结合上深刻认识、强化认同，不断增强拥护核心、跟随核心、捍卫核心的思想自觉、政治自觉、行动自觉，始终同以习近平同志为核心的党中央保持高度一致。

党的十九大后，党中央要求全面从严治党首先从政治上看，把党的政治建设纳入新时代党的建设总体布局并作为根本性、统领性建设，把保证全党服从中央、维护党中央集中统一领导作为党的政治建设的首要任务，制定新形势下党内政治生活若干准则，严明政治纪律和政治规矩，严格执行请示报告制度，加强健全政治巡视，坚决治理"七个有之"问题，坚决清除阳奉阴违的"两面人"，以精准有力政治监督确保党中央大政方针和决策部署贯彻落实。经过从严治党的锤炼，党内政治生态发生了根本性变化，全党在政治立场、政治方向、政治原则、政治道路上同党中央保持高度一致，政治判断力、政治领悟力、政治执行力显著提升，"四个意识"更加牢固，"四个自信"更加坚定，"两个维护"更加自觉。

综上所述，党的十八大以来，以习近平同志为核心的党中央以前所未有的勇气和定力全面从严治党，打了一套自我革命的"组合拳"，形成了一整套党自我净化、自我完善、自我革新、自我提高的制度规范体系。针对"七个有之"等严重影响党的形象和威信、严重损害党群干群关系的突出问题，我们坚持严的主基调，强化监督执纪问责，抓住"关键少数"，党在革命性锻造中更加坚强。特别是我们党以猛药去疴、重典治乱的决心，以刮骨疗毒、壮士断腕的勇气，坚定不移"打虎""拍蝇""猎狐"，清除了党、国家、军队内部存在的严重隐患，增强了党同人民的血肉相连，实现了党的空前团结和统一。党的十九届六中全会审议通过的《中共中央关于党的百年奋斗重大成就和历史经验的决议》，从13个方面总结新时代中国特色社会主义的伟大成就，其中一个重要方面就是全面从严治党；从 10 个方面概括党百年奋斗的历史经验，其中一个重要方面就是坚持自我革命。

当然，全面从严治党永远在路上，不能有任何喘口气、歇歇脚的念头。面对巨大成绩，2021 年 12 月召开的中央政治局会议，继续部署了 2022 年党风廉政建设和反腐败工作，提到推动落实中央八项规定精神、推进党风廉政建设和反腐败斗争时，强调了两个关键词：持之以恒、一刻不停。踏上实现第二个百年奋斗目标新的赶考之路，全党必须铭记生于忧患、死于安乐，常怀远虑、居安思危，继续推进新时代党的建设新的伟大工程，始终坚持全面从严治党，把党建设得更加坚强有力，推动中国特色社会主义事业航船劈波斩浪、一往无前。

第七章

☆ ☆ ★ ☆ ☆

全面建成小康社会如期实现

中国人民对美好生活的向往，既是中国发展最大的内生动力，也是一个渐进的历史趋势。党的十八大根据形势发展，对全面建设小康社会目标进行了充实完善，明确作出到2020年实现全面建成小康社会的庄严承诺。全面建成小康社会，在"四个全面"战略布局中居于引领地位，是其他三个"全面"保障的阶段性战略目标。党的十八大后，以习近平同志为核心的党中央，坚持以人民为中心的发展思想，团结带领全党全国各族人民朝着全面建成小康社会宏伟目标努力迈进，实现了党的第一个百年奋斗目标，让全国人民过上了全面小康的幸福生活。

全面建成小康社会如期实现

一、全面建成小康社会的目标与部署

1. 党的十八大提出"确保到2020年实现全面建成小康社会的宏伟目标"
2. 反映了全面小康社会从侧重建设过程向突出完成时态的战略提升
3. 随着社会的不断进步,全面小康的内涵在不断丰富
4. 确立了协调推进"四个全面"的战略布局
5. 提出了创新、协调、绿色、开放、共享的新发展理念
6. 以保障和改善民生为重点加强小康社会建设

二、历史性地消除了绝对贫困

1. 全面建成小康社会、实现第一个百年奋斗目标,最艰巨的任务是脱贫攻坚
2. 形成并确立精准扶贫战略思想
3. 加强顶层设计,建立了脱贫攻坚的体制机制
4. 习近平总书记亲自挂帅、亲自出征、亲自督战
5. 脱贫攻坚战越到最后难度越大,需要采取超常之举
6. 如期完成目标任务,形成一整套经过实践检验的减贫治理体系,为全球更有效地进行减贫治理提供"中国方案"

三、积极扩大中等收入群体

1. 扩大中等收入群体,是实现全面建成小康社会目标的关键
2. 六个"必须"为扩大中等收入群体指明方向
3. 持续深化"放管服"改革,千方百计保护好市场主体
4. 深化收入分配制度改革,切实使经济发展成果由最广大人民群众共享
5. 推进以人为核心的城镇化,实现人与城镇化的协同发展
6. 大力发展教育和职业培训,提高劳动力整体人力资本水平

四、大力解决群众急难愁盼问题

1. 中国梦归根到底是人民的梦,必须紧紧依靠人民来实现,必须不断为人民造福
2. 优化民生利益格局,扎实推进共同富裕
3. 回应民生利益诉求,大力改善生态环境短板
4. 推进平安中国建设,提高群众生活的安全感
5. 优化民生利益诉求渠道,解决群众身边的"关键小事"

五、在中华大地上全面建成小康社会

1. 经济实力大幅跃升
2. 创新第一动力持续增强
3. 协调发展特色日益凸显
4. 民生福祉更加殷实
5. 绿色发展底色相当亮丽
6. 改革开放深入推进

一、全面建成小康社会的目标与部署

"民亦劳止，汔可小康。"千百年来，小康一直是中国人民最朴素的愿望和憧憬。1979年12月，邓小平在会见日本首相大平正芳时，首次借用国学经典《诗经》里的"小康"概念来描述20世纪末把中国发展为一个中等富裕国家的愿景，并将其称作"中国式的现代化"。1982年9月，党的十二大报告正式提出到20世纪末力争使人民的物质文化生活达到小康水平。在世纪之交总体实现小康的基础上，2002年党的十六大提出全面建设惠及十几亿人口的更高水平的小康社会的奋斗目标，实现时间设定为2020年。经过新世纪新阶段全面建设小康社会的接续奋斗，中国共产党第十八次全国代表大会对全面建设小康社会的要求作了进一步充实完善，提出"确保到2020年实现全面建成小康社会的宏伟目标"。为此，

① 《中国共产党第十八次全国代表大会文件汇编》，人民出版社2012年版，第16—17页。

② 《习近平关于全面建成小康社会论述摘编》，中央文献出版社2016年版，第129页。

大会强调，必须保证经济持续健康发展、人民民主不断扩大、文化软实力显著增强、人民生活水平全面提高、资源节约型环境友好型社会建设取得重大进展。①

从小康概念的提出到总体小康的实现，从全面建设小康社会到全面建成小康社会，体现了我们党始终坚持以人民为中心的发展思想，始终把人民利益摆在至高无上的地位，不断满足人民群众日益增长的美好生活需要。2012年11月15日，习近平总书记在党的十八大闭幕后首次公开亮相时指出："我们的人民热爱生活，期盼有更好的教育、更稳定的工作、更满意的收入、更可靠的社会保障、更高水平的医疗卫生服务、更舒适的居住条件、更优美的环境，期盼孩子们能成长得更好、工作得更好、生活得更好。人民对美好生活的向往，就是我们的奋斗目标。"②

从全面建设小康社会到全面建成小康社会，虽然只是一字之差，却有着广泛而深刻的内涵和意义。一方面，反映了全面小康社会从侧重建设过程向突出完成时态的战略提升，明确了到2020年必须建成的时间表，体现了中国共产党团结带领中国人民全面实现小康的决心和信心，代表着中国共产党对国家、对人民、对历史的庄严承诺。习近平总书记反复强调，全面建成小康社会是我们党向人民、向历史作出的庄严承诺，"是我们对人民立下的军令状，必须全力以赴去实现"[①]。另一方面，反映了随着社会的不断进步，全面小康的内涵在不断丰富，全面建成小康社会强调的不仅是"小康"，更重要也更难做到的是"全面"：一是覆盖领域要全面，要在坚持以经济建设为中心的同时，统筹推进经济建设、政治建设、文化建设、社会建设、生态文明建设"五位一体"总体布局，实现"五位一体"全面进步；二是覆盖人口要全面，是惠及全体人民的小康，没有全民小康，就没有全面小康；三是覆盖的区域要全面，要推进区域的协调发展，实现城乡和区域共同发展的小康。"全面性"和"完成性"两方面的结合，说明如期全面建成小康社会任务十分艰巨，需要全党同志埋头苦干、顽强拼搏。

  为保证全面建成小康社会目标如期实现，以习近平同志为核心的党中央确立了协调推进"四个全面"的战略布局。2014年12月，

---

① 《习近平谈治国理政》第2卷，外文出版社2017年版，第72—73页。

习近平总书记提出要"协调推进全面建成小康社会、全面深化改革、全面依法治国、全面从严治党,推动改革开放和社会主义现代化建设迈上新台阶"[①]。2015年2月,他进一步系统阐述指出,全面建成小康社会是战略目标,在"四个全面"中居于引领地位;全面深化改革、全面依法治国、全面从严治党是三大战略举措,为如期全面建成小康社会提供重要保障。党的十八届三中、四中、五中、六中全会相继就全面深化改革、全面依法治国、全面建成小康社会、全面从严治党进行专题研究,作出相关决议,"四个全面"战略布局就成了党中央治国理政的顶层设计。

为保证建设小康社会的全面性,需要更新经济社会发展理念,刷新经济发展模式。2015年10月,中共十八届五中全会紧紧围绕全面建成小康社会的奋斗目标,审议通过了《中共中央关于制定国民经济和社会发展第十三个五年规划的建议》,明确提出了创新、协调、绿色、开放、共享的新发展理念。全会提出了全面建成小康社会新的目标要求:经济保持中高速增长,在提高发展平衡性、包容性、可持续性的

[①] 《习近平谈治国理政》第2卷,外文出版社2017年版,第22页。

基础上，到2020年国内生产总值和城乡居民人均收入比2010年翻一番，产业迈向中高端水平，消费对经济增长贡献明显加大，户籍人口城镇化率加快提高，农业现代化取得明显进展；人民生活水平和质量普遍提高，我国现行标准下农村贫困人口实现脱贫，贫困县全部摘帽，解决区域性整体贫困；国民素质和社会文明程度显著提高；生态环境质量总体改善；各方面制度更加成熟更加定型，国家治理体系和治理能力现代化取得重大进展。全会强调，实现"十三五"时期发展目标，破解发展难题，厚植发展优势，必须牢固树立并切实贯彻创新、协调、绿色、开放、共享的发展理念，这是关系我国发展全局的一场深刻变革。创新是引领发展的第一动力，协调是持续健康发展的内在要求，绿色是永续发展的必要条件和人民对美好生活追求的重要体现，开放是国家繁荣发展的必由之路，共享是中国特色社会主义的本质要求。这说明，只有坚持创新发展、协调发展、绿色发展、开放发展、共享发展，才能使我国发展全局来一场深刻变革，确保我国发展迈上全面建成小康社会新台阶。全会号召，全党全国各族人民要更加紧密地团结在以习近平同志为核心的党中央周围，万众一心，艰苦奋斗，共同夺取全面建成小康社会决胜阶段的伟大胜利。

党的十八大后，以习近平同志为核心的党中央坚持以人民为中心的发展思想，把让人民生活得更加美好作为执政履职的责任担当，把使人民群众有更强获得感、幸福感、安全感作为检验工作的根本标准，以新时代的话语凸显了中国共产党矢志不渝的奋斗目标，从而赋予全面小康社会以人民利益至上的价值取向。以保障和改善民生为重点加强小康社会建设,一件事情接着一件事情办,一年接着一年干:多项扶助低收入群体、残疾人群体政策出台,最低生活保障、特困人员供养、临时救助等制度、城乡养老和住房保障实现并轨,让社会"保障网"更为坚实;户籍改革填平城乡鸿沟,"大气十条""水十条"接连落地,"土十条"加紧制定,司法体制改革试点扩面,全面小康不断让老百姓生活得更有质量和精气神;发起精准扶贫攻坚战,加强和完善东西部帮扶机制,让全体人民共享发展成果。

2017年10月,中国共产党第十九次全国代表大会的召开,标志着全面建成小康社会进入决胜阶段。大会以"决胜全面建成小康社会"为重要主题,指出:"我们要在继续推动发展的基础上,着力解决好发展不平衡不充分问题,大力提升发展质量和效益,更好满足人民在经济、政治、文化、社会、生态等方面日益增长的需要,更好推动人的全面发展、社会全面进步。"[①]按照决战决胜全面小康的各项要求,强调要突出抓重点、补短板、强弱项,坚决打好

[①]《中国共产党第十九次全国代表大会文件汇编》,人民出版社2017年版,第9—10页。

防范化解重大风险、精准脱贫、污染防治的攻坚战,使全面建成小康社会得到人民认可、经得起历史检验。①2020年10月召开的十九届五中全会,在充分肯定"决胜全面建成小康社会取得决定性成就"的同时,继续号召"全党全国各族人民要再接再厉、一鼓作气,确保如期打赢脱贫攻坚战,确保如期全面建成小康社会、实现第一个百年奋斗目标,为开启全面建设社会主义现代化国家新征程奠定坚实基础"②。

党的十八大以来,以习近平同志为核心的党中央关于全面建成小康社会的一系列重大决策和部署,在坚持以经济建设为中心的基础上,着重统筹做好各领域民生工作,力求在学有所教、劳有所得、病有所医、老有所养、住有所居等方面取得新进展,在协调发展、绿色发展、共享发展和社会治理方面取得新成就,顺应了时代的新变化和实践的新要求,顺应人民群众对美好生活的向往,从而为决胜全面建成小康社会提供了科学的战略指引。

---

① 《中国共产党第十九次全国代表大会文件汇编》,人民出版社2017年版,第22页。

② 《中国共产党第十九届中央委员会第五次全体会议文件汇编》,人民出版社2020年版,第5页。

二、历史性地消除了绝对贫困

没有全民小康，就没有全面小康。2012年底，全国现行标准下农村贫困人口尚有9899万，贫困发生率为10.2%。习近平总书记指出，全面建成小康社会、实现第一个百年奋斗目标，最艰巨的任务是脱贫攻坚，这是一个最大的短板，也是一个标志性指标。党的十八大以来，习近平总书记站在全面建成小康社会、实现中华民族伟大复兴中国梦的战略高度，把脱贫攻坚摆在治国理政突出位置，提出一系列新思想新理念新观点，作出一系列新决策新部署，吹响了打赢脱贫攻坚战的进军号，推动中国减贫事业取得巨大成就。

形成并确立精准扶贫战略思想。2012年12月，习近平总书记第二次国内考察就选择河北阜平革命老区，进村入户看真贫，明确提出："全面建成小康社会，最艰巨最繁重的任务在农村、特别是在贫困地区。没有农村的小康，特别是没有贫困地区的小康，就没有全面建成小康社会。"[1] 2013年11月，习近平总书记在湖南十八洞村考察时首次提出精准扶贫的重要

---

[1]《习近平谈治国理政》第1卷，人民出版社2014年版，第189页。

思想：我们在抓扶贫的时候，切忌喊大口号，也不要定那些好高骛远的目标。扶贫攻坚就是要实事求是，因地制宜，分类指导，精准扶贫。精准扶贫是粗放扶贫的对称，是指针对不同贫困区域环境、不同贫困农户状况，运用科学有效程序对扶贫对象实施精准识别、精准帮扶、精准管理的"滴灌式"治贫方式。也就是说，精准扶贫需要找到"真贫""贫根"，开对"药方子"，拔掉"穷根子"。2014年，全国贫困地区80万基层干部进村入户，12.8万个贫困村、8962万贫困人口被识别出来，建档立卡、录入信息。2015年，对建档立卡"回头看"，补录贫困人口807万，剔除识别不准人口929万，脱贫攻坚的扶持对象被精准锁定。2015年6月，习近平总书记在贵州考察时提出了扶贫开发工作"六个精准"的基本要求，即扶持对象精准、项目安排精准、资金使用精准、措施到户精准、因村派人精准、脱贫成效精准。2015年10月，他在减贫与发展高层论坛上又提出："我们坚持分类施策，因人因地施策，因贫困原因施策，因贫困类型施策，通过扶持生产和就业发展一批，通过易地搬迁安置一批，通过生态保护脱贫一批,通过教育扶贫脱贫一批,通过低保政策兜底一批。"① 这"六个精准"和"五个一批",是习近平总书记精准扶贫战略思想的集中概括,不仅指明了精准扶贫的努力方向,而且开出了推进扶贫的工作良方,为新时代中国打赢精准扶贫、精准脱贫攻坚战提供了根本遵循。

为了有效推进精准扶贫,党中央加强顶层设计,建立了脱贫攻坚的体制机制。一是建立脱贫攻坚责任体系。强化"中央统筹、省负总责、市县抓落实"的扶贫管理体制,构建起责任清晰、各负其责、合力攻坚的责任体系。中西部省份党政主要负责同志向中央签署脱贫攻坚责任书,立下军令状,贫困县党政正职攻坚期内保持稳定,形成了五级书记抓扶贫、全党动员促攻坚的局面。二是建立脱贫攻坚政策体系。中央和国家机关各部门出台100多个政策文件或实施方案,各地也相继出台和完善了"1+N"的脱贫攻坚系列文件,内容涉及产业扶贫、易地扶贫搬迁、劳务输出扶贫、交通扶贫、水利扶贫、教育扶贫、健康扶贫、金融扶贫、农村危房改造等。三是建立脱贫攻坚投入体系。中央明确,扶贫投入力度要与打赢脱贫攻坚战的要求相匹

---

① 《十八大以来重要文献选编》(中),中央文献出版社2016年版,第720页。

配。不仅加大了财政投入，而且加大各类金融机构对扶贫的支持力度。2016—2020年，中央财政累计安排专项扶贫资金5305亿元，年均增长29.2%；向省级扶贫开发投融资主体注入约2500亿元资本金，用于易地扶贫搬迁；扶贫小额信贷累计发放3113亿元，共支持了868万贫困户。四是建立脱贫攻坚监督体系。中央出台脱贫攻坚督查巡查工作办法，对各地各部门落实中央决策部署开展督查巡查，各民主党派中央开展脱贫攻坚民主监督。五是建立脱贫攻坚考核评估体系。中央出台省级党委和政府扶贫开发工作成效考核办法后，从2016年到2020年每年开展一次考核，由国务院扶贫开发领导小组组织第三方进行，确保脱贫攻坚质量经得起实践和历史检验。

小康不小康，关键看老乡。让贫困人口和贫困地区同全国一道进入全面小康社会，是我们党的庄严承诺。习近平总书记对脱贫攻坚念兹在兹："扶贫始终是我工作的一个重要内容，我花的精力最多""脱贫攻坚是我心里最牵挂的一件大事""我最牵挂的还是困难群众"……一句句饱含深情的话语，彰显着人民领袖对群众脱贫的赤子之心。党的十八大以来，习近平总书记50多次调研扶贫工作，走遍14个集中连片特困地区，访贫问苦的脚步走得越远，总书记同人民的心就贴得越近。为了实现这个目标，脱贫攻坚的每个重要节点和重大关头，习近平总书记都亲自挂帅、亲自出征、亲自督战，召开7次脱贫攻坚座谈会，多次主持召开会议研究部署脱贫攻坚工作，直指难点、把脉开方。提出"扶贫开发推进到今天这样的程度，贵在精准，重在精准，成败之举在于精准""打赢脱贫攻坚战不是搞运动、一阵风，要真扶贫、扶真贫、真脱贫""脱贫攻坚已经到了啃硬骨头、攻坚拔寨的冲刺阶段""要把脱贫攻坚作为'十三五'期间头等大事和第一民生工程来抓""要层层签订脱贫攻坚责任书、立下军令状""形成五级书记抓扶贫、全党动员促攻坚的局面""脱贫致富不仅仅是贫困地区的事，也是全社会的事"……这些谆谆教导，充分表达了他对精准扶贫的高度关注。

脱贫攻坚战越到最后难度越大，需要采取超常之举。2017年6月，习近平总书记在深度贫困地区脱贫攻坚座谈会上指出："推进深度贫困地区脱贫攻坚，需要找准导致深度贫困的主要原因，采取有针对性的脱贫攻坚举措。"[1] 此后，聚焦革命老区，解决"两不愁三保障"突出问题，实施挂牌督战。针对"三区三州"这一脱贫攻坚战中难度最大的地区，制定精细化、差异化的相关政策，发挥多主体参与和嵌入式帮扶的政策合力，一个个"硬骨头"被啃下来。靠着精准扶贫的超常举措，云南怒江上的溜索变成了桥梁，怒江傈僳族自治州实现了

---

[1] 习近平：《在深度贫困地区脱贫攻坚座谈会上的讲话》，人民出版社2017年版，第8页。

从区域性深度贫困到整体脱贫的千年跨越；四川凉山彝族自治州"悬崖村"村民，翻越了"贫困大山"；"苦瘠甲于天下"的宁夏西海固地区，告别了水资源短缺，摆脱了贫困。特别是在脱贫攻坚决战冲刺的2020年，新冠肺炎疫情突然来袭，外出务工受阻、扶贫产品销售困难，脱贫攻坚面临新挑战。关键时刻，习近平总书记提出"要落实分区分级精准防控策略"，答好"加试题"，不折不扣完成脱贫攻坚硬任务。各地区各部门密集出台精准应对政策，点对点组织复工，优先稳岗帮扶，当年贫困劳动力外出务工规模同比不降反增10%；"互联网+"拓宽销售渠道，消费扶贫"带货"，农产品卖难化解，保障了贫困群众的收入。

在实现中华民族伟大复兴中国梦的行进坐标中，全面小康是"关键一步"，而消除绝对贫困，则是迈好这"关键一步"的"关键一跃"。经过全党全国各族人民持续八年艰辛奋斗，我们如期完成了新时代脱贫攻坚目标任务，兑现了我们党向人民、向历史作出的庄严承诺。在2021年2月召开的全国脱贫攻坚总结表彰大会上，习近平总书记庄严宣告："我国脱贫攻坚战取得了全面胜利,现行标准下9899万农村贫困人口全部脱贫,832个贫困县全部摘帽,12.8万个贫困村全部出列,区域性整体贫困得到解决,完成了消除绝对贫困的艰巨任务,创造了又一个彪炳史册的人间奇迹!"[①]同时,他把我国脱贫攻坚的成功经验概括为:加强领导是根本,把握精准是要义,增加投入是保障,各方参与是合力,群众参与是基础。加强领导,就是发挥政治优势,强化中央统筹、省负总责、市县抓落实的工作机制,层层落实脱贫攻坚责任;把握精准,就是不断完善精准扶贫政策工作体系,做到"六个精准",实施"五个一批",切实提高脱贫成效;增加投入,就是坚持政府投入的主体和主导作用,不断增加金融资金、社会资金投入脱贫攻坚;各方参与,就是坚持专项扶贫、行业扶贫、社会扶贫等多方力量有机结合的"三位一体"大扶贫格局,发挥各方面的积极性;群众参与,就是尊重贫困群众扶贫脱贫的主体地位,不断激发贫困村贫困群众内生动力。这些经验实质上就是一整套经过实践检验的减贫治理体系,是为全球更有效地进行减贫治理提供的"中国方案"。

[①] 习近平:《在全国脱贫攻坚总结表彰大会上的讲话》,人民出版社2021年版,第1页。

三、积极扩大中等收入群体

打赢脱贫攻坚战，是实现全面小康的底线；扩大中等收入群体，是实现全面建成小康社会目标的关键。党的十六大提出全面建设小康社会目标的同时，也明确提出了"以共同富裕为目标，扩大中等收入者比重"的任务。由于意识到中等收入群体的发展壮大对于减小贫富差距、优化社会结构等具有重要作用，扩大中等收入群体是形成合理的利益结构、构筑可持续发展的"橄榄型"社会结构的基础，关系全面建成小康社会与建设现代化强国目标的实现，党的十七大、十八大报告都分别提出"使收入分配格局合理有序，中等收入者占多数""中等收入群体持续扩大"的政策。党的十八届三中全会研究全面深化改革、十八届五中全会研究"十三五"规划时再次强调了"扩中"这一任务。2016年5月，习近平总书记主持召开中央财经领导小组会议强调：坚定不移推进供给侧结构性改革，在发展中不断扩大中等收入群体。关系到全面建成小康社会目标的实现，是转方式调结构的必然要求，是维护社会和谐稳定、国家长治久安的必然要求。[①]可见,"培育和扩大中等收入群体"已是我国经济社会发展的一项重大战略决策,并成为全面建成小康社会进程中党和国家工作的重点之一。

2016年5月,中央财经领导小组第十三次会议提出了六个"必须",为扩大中等收入群体指明了方向:必须坚持有质量有效益的发展,保持宏观经济稳定,为人民群众生活改善打下更为雄厚的基础;必须弘扬勤劳致富精神,激励人们通过劳动创造美好生活;必须完善收入分配制度,坚持按劳分配为主体、多种分配方式并存的制度,把按劳分配和按生产要素分配结合起来,处理好政府、企业、居民三者分配关系;必须强化人力资本,加大人力资本投入力度,着力把教育质量搞上去,建设现代职业教育体系;必须发挥好企业家作用,帮助企业解决困难、化解困惑,保障各种要素投入获得回报;必须加强产权保护,健全现代产权制度,加强对国有资产所有权、经营权、企业法人财产权保护,加强对非公有制经济产权保护,加强知识产权保护,增强人民群众财产安全感。方向明确后,在以习近平同志为核心的党中央

[①]《习近平主持召开中央财经领导小组第十三次会议,李克强等出席》,中国政府网,http://www.gov.cn/xinwen/2016-05/16/content_5073837.htm,2016年5月16日。

的坚强领导下，党和政府提出了一系列理论和实践创新的重点方向，陆续出台一系列稳定扩大中等收入群体的新政策。

第一，持续深化"放管服"改革，千方百计保护好市场主体。保市场主体是稳定和扩大就业、扩大中等收入群体的重要依托。经过四十多年的持续发展，我国包括民营企业（其中大部分是中小微企业）和个体工商户的民营经济，贡献了80%以上的城镇劳动就业；220多万家农民专业合作社，在带动农户增加收入、发展现代农业方面发挥了重要作用。党的十八大以来，围绕正确处理政府和市场关系，党中央始终坚持"放管服"改革向纵深推进，持续加快完善产权保护制度体系，持续深化要素市场化配置改革，持续优化市场化、法治化、国际化营商环境，优化民营经济发展环境，依法平等保护民营企业产权和企业家权益，破除制约民营企业发展的各种壁垒。不断深化财税金融体制改革，接续出台减税降费和金融服务实体经济政策，运用简政放权激发市场活力和内生动力，持续推动大众创业、万众创新热情。大力支持特色小镇、美丽乡村、田园综合体、农民专业合作社、脱贫致富车间等重要载体发展，为农民在本乡本土就业创造条件，推动农村一二三产业融合发展，丰富乡村经济业态，拓展农民增收空间。全面深化改革和扩大开放，保证了经济发展动力活力不断增强和经济结构持续优化，宏观经济保持了中高速稳定增长，从而夯实了居民收入持续增长的经济基础，为扩大中等收入群体提供了基本保障。

第二，深化收入分配制度改革，切实使经济发展成果由最广大人民群众共享。坚持按劳分配为主体、多种分配方式并存，坚持初次分配和再分配调节并重，多渠道增加居民财产性收入，积极落实经济发展成果为全体人民所共享。党的十八大以来，针对居民收入和劳动报酬在初次分配中占比下滑的趋势，党中央统筹研究妥善处理国家、企业、居民在分配中的关系，以"提低、扩中、控高"为主线不断深化收入分配制度改革，逐步形成合理有序的收入分配格局。建立中低收入职工工资合理增长机制，努力实现居民收入增长和经济发展同步，劳动报酬增长和劳动生产率提高同步。贯彻落实按生产要素贡献分配原则，建立健全居民财产和收入分配监测体系，对高收入群体加强税收征管，切实落实"控高"工作，坚决打击取缔各类非法收入，规范灰色收入。建立健全国有资本收益分享机制，拓宽社保基金保值增值渠道，完善社会保障体系和基本公共服务均等化建设，助力低收入群体向上流动，为中等收入群体的持续扩大创造良好的社会环境。通过全面推进收入分配制度改革，稳步提高中低居民收入水平，不断提高经济发展的益民性，让发展成果更多惠及全体人民。

第三，推进以人为核心的城镇化，实现人与城镇化的协同发展。城镇化是保持经济持续发展的巨大引擎，也是扩大中等收入群体的重要推动力量，能让更多的人落户城市并继续向上流动。2012年我国常住人口城镇化率为52.6%，但城镇化质量不高，有2亿多人口没有在城镇落户，限制了以人为核心的城镇化进程。党的十八大后，党中央大力推动新型城镇化战略，着重解决"三个1亿人"

的问题。一是实行不同规模城市差别化落户政策，有序推进农业转移人口市民化，建立居住证制度，积极推进城镇基本公共服务向常住人口覆盖。二是加大对中西部地区和中小城镇基础设施建设的支持，促进农业转移人口就地城镇化，引导农村富余劳动力向城市的二三产业转移。三是着力推进城镇保障性安居工程建设，采取廉租房、公租房、租赁补贴等多种方式改善农民工居住条件，完善商品房配建保障性住房政策，把进城落户农民完全纳入城镇住房保障体系。通过稳步提高人口城镇化水平，让大量农业转移人口转变为新增中等收入群体的"主力军"，做足了中等收入群体增量。

第四，大力发展教育和职业培训，提高劳动力整体人力资本水平。中等收入群体壮大的基础是人力资本，而广大人民群众人力资本水平的提升则要依靠建立公平的教育体系。党的十八大之后，党中央积极推动义务教育均衡发展，普及高中阶段教育，逐步分类推进中等职业教育免除学杂费，率先从建档立卡的家庭经济困难学生实施普通高中免除学杂费，实现家庭经济困难学生资助全覆盖；促进城乡教育资源合理分配，健全面向全体劳动者的职业培训制度，不断提高劳动者职业技能，加强职业培训和在岗培训，让更多的人特别是农民工从职业技能培训中获益，积累其向上发展的人力资本。伴随人口素质的不断提升，就业空间的不断扩展，劳动者自身收入的稳定提升，适龄劳动人口大大促进了中等收入群体规模的扩大。

我国中等收入群体的典型标准，是以三口之家计算年收入在10万元至50万元之间，一般有购车、购房、闲暇旅游能力的人口。党的十八大以来，在我国经济持续平稳增长的有力支撑下，各级政府瞄准有望进入中等收入群体的目标群体，在稳就业、增收入、扩社保、普服务等方面采取多管齐下的政策，有效扩大了中等收入群体。"十三五"期间我国居民收入持续增长，城乡差距逐步缩小，中等收入群体规模稳步扩大，由2010年的1亿多人增加到2020年的4亿多人。目前，我国中等收入群体规模确实为世界之最，但从占比来看与发达国家仍有较大差距。2020年到2035年是我国由中高收入阶段迈进高收入阶段的关键时期，要形成合理的利益结构，中等收入群体比例需要从现在的30%左右提高到50%以上。这就说明，未来从实现更加充分更高质量的就业、推动增加人民群众财产性收入、不断健全完善社会保障、进一步优化收入分配结构等方面，还需要继续做出更大更艰巨的努力。

四、大力解决群众急难愁盼问题

党的十八大勾画了在新的历史条件下全面建成小康社会、加快推进社会主义现代化建设、夺取中国特色社会主义新胜利的宏伟蓝图，为我们党团结带领全国各族人民沿着中国特色社会主义道路继续前进指明了方向。2012年11月，刚刚当选的十八届中央政治局常委同中外记者见面时，习近平总书记就明确指出："人民对美好生活的向往,就是我们的奋斗目标。"①2013年3月,习近平总书记在第十二届全国人民代表大会第一次会议上的讲话中又明确提出:"中国梦归根到底是人民的梦,必须紧紧依靠人民来实现,必须不断为人民造福。""我们要随时随刻倾听人民呼声、回应人民期待,保证人民平等参与、平等发展权利,维护社会公平正义。"②把人民对美好生活的向往作为党的奋斗目标,并紧紧依靠人民去实现,这是以习近平同志为核心的党中央坚持和发展中国特色社会主义的根本主旨。坚持以人民为中心的发展思想,必须着力解决人民最关心最直接最现实的利益问题,让人民群众有更多获得感。习近平总书记反复强调:"把实现好、维护好、发展好最广大人民根本利益作为推进改革的出发点和落脚点,让发展成果更多更公平惠及全体人民。唯有如此,改革才能大有作为。"③"抓民生要抓住人民最关心最直接最现实的利益问题,抓住最需要关心的人群,一件事情接着一件事情办、一年接着一年干,锲而不舍向前走。"④

一是优化民生利益格局,扎实推进共同富裕。新时代,党中央把脱贫攻坚作为全面建成

---

① 《习近平谈治国理政》第1卷,外文出版社2014年版,第4页。

② 《习近平谈治国理政》第1卷,外文出版社2014年版,第40—41页。

③ 《习近平关于协调推进"四个全面"战略布局论述摘编》,中央文献出版社2015年版,第77页。

④ 《习近平总书记系列重要讲话读本》,人民出版社、学习出版社2014年版,第113页。

小康社会的底线任务和标志性指标,将脱贫攻坚作为"十三五"期间国家头等大事和第一民生工程来抓,各地区各部门齐抓共管、密切配合,社会各界积极参与、合力攻坚,坚持因人因地施策,因贫困原因施策,因贫困类型施策,区别不同情况对症下药,八年间使农村贫困人口全部脱贫,基本解决了区域整体性贫困问题,全国人民一道迈入了小康社会。同时,坚守以人民为中心的根本立场,提高共享发展的能力,不断优化民生利益格局,持续改善人民群众关心关注的就业、收入分配、教育、社会保障、医疗卫生、住房等现实问题,构建起幼有所育、学有所教、劳有所得、病有所医、老有所养、住有所居、弱有所扶的基本公共服务体系。着力完善民生利益补偿机制,解决民生领域不平衡和不充分问题,推进公共服务均等化,推动人的全面发展和共同富裕目标取得更多实质性进展。在新冠肺炎疫情防控中,党中央坚持将人民群众生命安全和身体健康放在第一位,统筹推进疫情防控和经济社会发展取得显著成效,不断夯实战胜风险挑战的群众基础和社会基础。

二是回应民生利益诉求,大力改善生态环境短板。一个时期内,生态环境恶化成为群众反映的突出民生问题,也是制约全面建成小康社会的重要短板。党的十八大以来,党中央将生态环境保护的认识程度、实践深度和推进力度提到了前所未有的高度,生态文明建设被摆在了更加重要的战略位置。习近平总书记明确指出,"良好生态环境是最公平的公共产品,是最普惠的民生福祉"。"环境就是民生,青山就是美丽,蓝天也是幸福。发展经济是为了民生,保护生态环境同样也是为了民生",让良好生态环境"成为人民生活的增长点"。在党中央的高度重视和坚强领导下,我国将绿色发展理念贯穿于政府治理、企业创新、行业发展、公众生活各方面,大力提升对生态环境保护和环境污染治理的财政支持,强力推进大气、水、土壤污染以及人居环境等生态环境治理,人民群众关心的突出环境问题得到明显改善,城市空气质量达标比率、全国地表水优良水质断面比例显著上升,人民福祉因此得到不断提升。随着我国城镇化建设进入规模和质量并重的新阶段,生态环境服务业迅速兴起,城市园林绿化事业快速发展,人居环境改善明显的同时促进了人民增收。同时,我国稳步实施天然林资源保护、退耕还林还草、退牧还草、防护林体系建设、河湖与湿地保护修复、防沙治沙、水土保持、石漠化治理、野生动植物保护及自然保护区建设等一批重大生态保护与修复工程,生态环境治理力度不断加强,生态系统的质量和稳定性逐步提升。通过协调推进生态文明建设与经济发展步伐,人民群众源自生态环境与经济建设协同发展的获得感、幸福感显著增强。

三是推进平安中国建设,提高群众生活的安全感。由于一些黑恶势力长期称霸一方,为非作恶,在一定区域或行业内形成非法控制或重大影响,成为影响人民安居乐业、社会安定有序、国家长治久安的重大隐患。为此,党中央决定从2018年起开展为期三年的"扫黑除恶"专项斗争。在党中央的周密部署和坚强督导下,各级党委和政府把扫黑除恶专项斗争作为一项重大政治任务,摆到工作全局突出位置，列入重要议事日程，为政法机关依法办案和有关部门依法履职、深挖彻查"保护伞"排除阻力、提供有力保障。中央扫黑除恶督导组充分发挥"利剑"威力，实现对31个省区市和新疆生产建设兵团的全覆盖，推动形成扫黑除恶斗争的强大声势；各级公安机关积极担当、迅速行动，依法铲除了一批群众反映强烈的黑恶势力，铲除了一批危害一方、欺压百姓的"市霸""行霸""村霸""乡霸"，深挖查处了一批黑恶势力"保护伞"。截至2021年3月，全国公安系统共打掉涉黑组织3644个，涉恶犯罪集团11675个，抓获犯罪嫌疑人23.7万人，缉拿目标逃犯5768人，43144名涉黑涉恶违法犯罪人员投案自首，黑恶犯罪得到了根本遏制；全国纪检监察机关共立案查处涉黑涉恶腐败和"保护伞"案件89742件，立案处理115913人，给予党纪政务处分80649人，移送司法机关10342人，从严治党向基层延伸取得重大进展；全国共打掉农村涉黑组织1289个，农村涉恶犯罪集团4095个，依法严惩"村霸"3727名，排查清理受过刑事处罚、涉黑涉恶等问题的村干部4.27万名，排查整顿软弱涣散村党组织4.47万个，基层治理能力明显提升；全国共打掉欺行霸市等涉黑组织1128个，打掉资产在亿元以上的涉黑组织653个，依法处置生效涉黑涉恶案件资产1462亿元，有力摧毁了黑恶势力的经济基础，营商环境持续向好。为期三年的"扫黑除恶"专项斗争取得了重大胜利，有力净化了基层社会环境，极大增强了人民群众幸福感、安全感、公平感，推进了国家治理体系和治理能力现代化。根据国家统计局调查，2020年下半年全国群众安全感为98.4%，有95.7%的群众对专项斗争成效表示"满意"或"比较满意"；对全面从严治党、党风廉政建设和反腐败印象深刻的工作中，有84.1%的群众选择了"打伞破网"，位居首位。在2020年对当前主要民生领域现状的满意度调查中，群众对社会治安的满意度位列第一。

四是优化民生利益诉求渠道，解决群众身边的"关键小事"。习近平总书记指出，群众利益无小事，"我们党员干部都要有这样一个意识：只要还有一家一户乃至一个人没有解决基本生活问题，我们就不能安之若素；只要群众对幸福生活的憧憬还没有变成现实，我们就要毫不懈怠团结带领群众一起奋斗"。党的十八大以来，党和政府不断完善民生利益表达机制，充分发掘互联网、大众传媒、社会组织、群团组织的利益表达功能，不断提升民生利益表达法治化水平。在先后开展的群众路线实践教育、"不忘初心、牢记使命"教育、党史学习教育等活动中，从作风建设入手着力纠治"四风"，以钉钉子精神贯彻中央八项规定及其实施细则，围绕发生在群众身边的腐败问题，紧紧盯住重点领域危害民生民利的贪污贿赂现象，部署开展了查办损害群众利益腐败案件、整治扶贫领域职务犯罪等一系列专项工作。通过深化整治形式主义、官僚主义顽瘴痼疾，激发基层党员、干部干事创业的积极性，切实推进污水治理、食品安全管理、城市治堵、老旧小区改造、"全民反诈"专项行动等聚焦民生的关键小事；推动部署"我为群众办实事"各项举措，"互联网+民生服务"、政务中心"一站办结"、市民服务热线、证件"跨省通办"等举措多点发力，落实为基层减负、为群众解难。坚持和发展新时代"枫桥经验"，积极预防、妥善化解各类社会矛盾，不断增强人民群众获得感、幸福感、安全感。

五、在中华大地上全面建成小康社会

党的十八大以来，以习近平同志为核心的党中央始终坚持以人民为中心的发展思想，紧紧围绕到2020年全面建成小康社会的奋斗目标，准确把握中国特色社会主义进入新时代的历史方位和阶段性特征，统筹推进"五位一体"总体布局，协调推进"四个全面"战略布局，坚定不移贯彻创新、协调、绿色、开放、共享的新发展理念，切实推进经济社会向高质量、全面性发展的转变，确保我国经济实力、科技实力、综合国力和人民生活水平跃上新的大台阶，决胜全面建成小康社会取得历史性成就。

一是经济实力大幅跃升。2013年至2021年，中国经济年均增长约6.5%，2022年第一季度GDP同比增长4.8%，经济增速连续多年在世界主要经济体中位居前列。2021年，中国国内生产总值达到114.4万亿元，按年平均汇率折算达到17.7万亿美元，占世界经济比重达到18%，稳居世界第二位；制造业增加值占全球份额接近30%，220多种工业品产量居世界第一。基础设施实现跨越式发展，2021年底，高速铁路运营里程超过4万公里、高速公路达到16.8万公里、发电装机容量达到23.8亿千瓦，均位居世界第一。目前，我国是世界第二大经济体、第一大工业国、第一大货物贸易国、第一大外汇储备国、第二大消费市场。2021年，中国人均GDP达1.25万美元，比2012年增加1倍，已高于全球平均水平，接近高收入国家门槛。经济实力的大幅提升，为全面小康奠定了坚实的物质基础。

二是创新第一动力持续增强。经济发展的持续动能来自于创新，动力基础核心在于科技的发展。按照中共中央、国务院的部署和要求，国家不断加大对科技创新的投入，并取得显著成效。2021年，全国研究与试验发展（R&D）经费支出由2011年的8610亿元增加到2.79万亿，十年间增加了2.2倍，研发经费投入强度由2011年的1.83%提升到2.44%，已经超过了欧盟平均水平，稳居世界第二位。国家科技进步贡献率超过60%，创新型国家建设取得重要进展，整体创新能力大幅提升。近年来，在载人航天、探月工程、超级计算、量子通信等前沿领域取得一大批标志性成果："嫦娥五号"首次实现地外天体采样返回，"天问一号"开启火星探测，量子计算原型机"九章"成功问世，"海斗一号"完成万米海试，北斗卫星导航系统全面开通，中国空间站天和核心舱成功发射，国产大型客机C919首飞成功，标志着我们正在从科技大国迈向科技强国。根据世界知识产权组织发布的数据，2021年中国在全球创新指数上的排名跃居第12位，不仅是中等收入经济体进入前30名的唯一国家，而且还超过日本、以色列、加拿大等发达经济体。科技实力和创新能力的跨越式发展，为全面小康提供了不竭的动力。

三是协调发展特色日益凸显。中国作为一个幅员辽阔、人口众多的大国，长期存在着发展不平衡、不协调问题。党的十八大以来，以习近平同志为核心的党中央，把坚持协调发展作为解决发展不平衡问题的重要一环。首先，城乡区域发展差距继续缩小。经过八年精准扶贫、五年脱贫攻坚战，到2020年11月底，9899万现行标准下农村贫困人口全部脱贫，全国832个贫困县已全部脱贫摘帽，消除了绝对贫困和区域性整体贫困。[1]城乡居民人均可支配收入之比由2012年的3.1降至2021年的2.50。其次，在区域协调发展方面，通过深入实施区域重大战略和区域协调发展战略，统筹推进西部开发、东北振兴、中部崛起、东部率先，主体功能明显、优势互补、高质量发展的区域经济布局加快形成，区域之间发展的相对差距有所缩小。再次，产业结构转型迈出新步伐。全国粮食总产量连续7年保持在1.3万亿斤以上，工业化和信息化、先进制造业和现代服务业融合发展进程加速，制造业增加值连续12年位居世界首位，服务业对经济发展拉动作用日益明显。2020年，高技术产业增加值占规模以上工

---

[1]《我国832个贫困县全部脱贫摘帽》，《人民日报》2020年11月25日。

业增加值的比重为15.1%，比2012年提高5.7个百分点；服务业增加值占国内生产总值的比重为54.5%，比2012年提高9个百分点。

四是民生福祉更加殷实。党的十八大以来，党和国家坚持以人民为中心，把"共享发展"作为新发展理念的重要内容，着力改善民生。居民收入增长连续多年快于经济增长，2021年全国居民人均可支配收入突破3.5万元；随着收入水平的稳步提高，形成世界最大规模中等收入群体，人数超过4亿人。居民消费结构加快升级，多样化、个性化、服务化消费比重明显提升，2021年全国居民恩格尔系数为29.8%，已有四年达到联合国界定的富裕国家指标；2020年，每百户家用汽车拥有量达37.1辆，比2013年增加72.6%，中国进入了典型的"汽车社会"。民生福祉不仅体现在居民收入和物质生活的显著提高，还体现在幼有所育、学有所教、劳有所得、病有所医、老有所养、住有所居、弱有所扶等各方面的民生质量的改善和提高。中国基本建成包括社会保险、社会救助、社会福利、社会优抚在内的世界上规模最大的社会保障体系。截至2021年底，全国基本养老参保人数达到10.29亿人，参保率超过90%，基本医疗保险覆盖13.6亿人，参保率稳定在95%以上；九年义务教育巩固率为95.4%，高等教育进入普及化阶段；中国累计建设各类保障性住房和棚改安置房8000多万套，帮助2亿多困难群众改善住房条件。基本公共服务制度体系更加健全，社会公共服务网的扎牢，为全面小康生活提供了坚强支撑。

五是绿色发展底色相当亮丽。党的十八大之后，面对环境问题累积显现，人民对改善生态环境需求日益强烈的情况，党中央坚持重拳出击、铁腕治污，开展一系列根本性、长远性工作，污染治理力度之大、制度出台频度之密、环境质量改善速度之快前所未有，蓝天、碧水、净土保卫战取得重大战略成果。2019年，北京PM2.5年均浓度创下2013年监测以来的最低值，全国重点城市PM2.5平均浓度比2013年下降43%。[1]2020年，全国地级及以上城市空气质量优良天数比例达到87%，地表水水质优良率提高到83.4%，PM2.5未达标地级及以上城市平均浓度比2015年下降28.8%，民众对生态环境质量的满意度上升到89.5%。大江、大河、大湖的水质明显在改善，森林覆盖率明显提高，"山清水秀""蓝天白云"带来的幸福感，成为全面小康最亮丽的底色。

六是改革开放深入推进。继续坚持"两个毫不动摇"，积极探索公有制多种实现形式，不断健全支持民营经济、外商投资企业发展的法治环境，完善公平竞争制度。坚持按劳分配为主体、多种分配方式并存，深化要素市场化配置改革，加强产权和知识产权保护，完善社

[1]《人不负青山，青山定不负人》，《人民日报》2020年8月10日。

会主义市场经济体制。"放管服"改革成效明显,营商环境全球排名由2012年的第91位上升至2020年的第31位。实施更大范围、更宽领域、更深层次的全面开放,健全外商投资准入前国民待遇加负面清单管理制度,推动规则、规制、管理、标准等制度型开放,加快自由贸易试验区、自由贸易港等对外开放高地建设,对外开放水平提高。2020年我国货物进出口总额达到32.2万亿元,占全球货物贸易份额上升至12%以上,货物贸易第一大国地位进一步巩固;在全球跨国直接投资大幅下降的情况下,我国实际使用外资逆势增长,达到1443.7亿美元,成为全球新增外商直接投资的第一大目的地。改革开放的深入推进,凸显了中国全面小康的开放性。

"到2020年全面建成小康社会,实现第一个百年奋斗目标,是我们党向人民、向历史作出的庄严承诺。"全面小康,重在全面。党的十八大以来的实践表明,中国努力推进的全面小康,是物质文明、政治文明、精神文明、社会文明、生态文明协调发展"五位一体"全面进步的小康,是不断满足人民日益增长的多样化多层次多方面需求、不断促进人的全面发展的小康;中国的全面小康,是国家富强、民族振兴、人民幸福的多维度、全方位的小康,追求发展的平衡性、协调性和可持续性,追求发展成果为全体人民共同享有,既没让一个人掉队,也不让一个区域落下、一个民族滞后。经过党和人民艰辛奋斗,我们迎来了全面建成小康的历史时刻,中华民族千百年来的期盼变成了现实。

2021年7月1日,习近平总书记在庆祝中国共产党成立100

周年大会上庄严宣告："经过全党全国各族人民持续奋斗,我们实现了第一个百年奋斗目标,在中华大地上全面建成了小康社会。"[1]在一个底子薄、基础弱、国情复杂的大国,全面建成惠及十几亿人口的小康社会,极不平凡,极不容易。中国的全面小康是党团结带领中国人民顽强拼搏,几代人一以贯之、接续奋斗、干出来的。全面建成小康社会,见证着我们党的初心使命、性质宗旨、理想信念、奋斗目标、执政能力和领导水平,是我们党团结带领人民实现中华民族伟大复兴中国梦的关键一步。全面建成小康社会,这是我们党向人民、向历史交出的一份优异答卷,书写了中国特色社会主义现代化的崭新篇章,为实现全面建成社会主义现代化强国奠定了更为坚实的基础。全面建成小康社会的伟大胜利,充分彰显了中国特色社会主义制度的强大生命力和巨大优越性,坚定了全党全国人民走中国特色社会主义道路的信念和信心。

---

[1] 习近平:《在庆祝中国共产党成立100周年大会上的讲话》,人民出版社2021年版,第2页。

第八章

国家治理体系和治理能力现代化水平明显提高

党的十八大以来，以习近平同志为核心的党中央聚焦全景性的现代化维度，强调从经济建设、政治建设、文化建设、社会建设和生态文明建设"五位一体"总体布局的高度推进社会主义现代化。党的十八届三中全会基于全面深化改革的总布局，首次提出"推进国家治理体系和治理能力现代化"这一概念，不仅丰富了社会主义现代化的内涵，而且扩展了中国式现代化的实践范畴。所谓国家治理体系和治理能力的现代化，就是使国家治理体系制度化、科学化、规范化、程序化，使国家治理者善于运用法治思维和法律制度治理国家，从而把中国特色社会主义各方面的制度优势转化为治理国家的效能。十年来，党和国家全面深化改革，及时更新治理理念，主动推进政党治理，深入改进政府治理，着力优化社会治理，大大完善了国家治理体制和治理体系，显著提高了国家治理能力和治理效能。

国家治理体系和治理能力现代化水平明显提高

一、推进国家治理体系现代化的行动纲领

1. 党的十八届三中全会首次提出这一重大命题
2. 新时代一系列新理念新思想新战略，推动了国家治理新实践
3. 党的十九届四中全会第一次系统描绘了中国特色社会主义制度的"图谱"
4. 党的十九届四中全会凝练概括了我国国家制度和国家治理体系13个方面的显著优势

二、加强党的全面领导取得巨大成效

1. 坚持党的全面领导和党中央的集中统一领导的重要意义
2. 加强党自身的组织体系建设
3. 建立健全党领导一切工作的制度体系
4. 切实推动党的领导制度具体化、程序化、法治化

三、实现国家组织机构和管理体制的整体性重构

1. 加强党的全面领导得到有效落实，维护党的集中统一领导的机构职能体系更加健全
2. 党和国家机构履职更加顺畅高效，更加适应统筹推进"五位一体"总体布局和"四个全面"战略布局需要
3. 构建起从中央到地方运行顺畅、充满活力的工作体系
4. 增强机构改革的整体性、系统性、协同性，同步推进相关各类机构改革，改革整体效应进一步增强

四、形成符合中国国情的全过程人民民主

1. 必须使中国特色社会主义政治制度深深扎根于中国社会土壤
2. 党坚持和完善人民代表大会制度
3. 党坚持和完善中国共产党领导的多党合作和政治协商制度
4. 党坚持巩固基层政权，完善基层民主制度
5. 党领导国家立法机关科学立法、民主立法
6. 丰富和发展了社会主义民主政治理论

五、在应对各种风险挑战中发挥出治理效能

1. 有效应对美国对华发起的全面围攻
2. 有效处置反中乱港势力造成的国家安全危机
3. 统筹推进新冠肺炎疫情防控和经济社会发展

一、推进国家治理体系现代化的行动纲领

以制度治党治国,这是我们党长期以来不懈探索的重大课题。新中国成立后,我们党积极运用新民主主义革命时期制度建设的成功经验,大力推进新中国的制度建设。改革开放后,我国国家制度和国家治理体系建设不断迈出新步伐、取得新进展。1980年,邓小平同志在《党和国家领导制度的改革》讲话中指出:"领导制度、组织制度问题更带有根本性、全局性、稳定性和长期性。这种制度问题,关系到党和国家是否改变颜色,必须引起全党的高度重视。"1992年,邓小平同志在南方谈话中设想:"恐怕再有三十年的时间,我们才会在各方面形成一整套更加成熟、更加定型的制度。"随后,党的十四大提出:"到建党一百周年的时候,我们将在各方面形成一整套更加成熟更加定型的制度。"党的十五大、

十六大、十七大都对制度建设提出明确要求。经过六十多年的不断摸索，我们基本上找到了一条适合中国发展道路的国家治理体系，比如走什么样的路，用什么理论来指导，国家制度的主要构成，政府与市场关系，等等。不过，由于我们走的是一条前人没有走过的路，很多方面的努力还没来得及形成系统，制度比较分散和碎片化，有些方面甚至相互"抵牾"，相比我国经济社会发展要求，相比人民群众期待，相比世界日趋激烈的国际竞争，相比实现国家长治久安和实现中华民族伟大复兴，我们在国家治理体系和治理能力的系统性、整体性、协同性方面还有许多欠缺，亟待改进。

党的十八大明确提出"党领导人民有效治理国家"的命题，并将国家"制度体系"建设提到前所未有的战略高度，寓意极为深刻。党的十八大闭幕不久，习近平总书记就指出："坚持和发展中国特色社会主义是一篇大文章，邓小平同志为它确定了基本思路和基本原则，以江泽民同志为核心的党的第三代中央领导集体、以胡锦涛同志为总书记的党中央在这篇大文章上都写下了精彩的篇章。现在，我们这一代共产党人的任务,就是继续把这篇大文章写下去。"①如何续写中国特色社会主义这篇大文章?以习近平同志为核心的党中央把制度建设摆到更加突出的位置,强调"坚决破除一切妨碍科学发展的思想观念和体制机制弊端,构建系统完备、科学规范、运行有效的制度体系,使各方面制度更加成熟更加定型"②。党的十八届三中全会首次提出了"推进国家治理体系和治理能力现代化"这个重大命题,并把完善和发展中国特色社会主义制度、推进国家治理体系和治理能力现代化确定为全面深化改革的总目标。全会指出,"到2020年,在重要领域和关键环节改革上取得决定性成果,形成系统完备、科学规范、运行有效的制度体系,使各方面制度更加成熟更加定型"③,更是体现出中国整体制度建设的迫切性。

提出"推进国家治理体系和治理能力现代化"这一重大命题,是在全面分析我国面临的复杂形势基础上得出的重要论断。从世界范围内看,2008年国际金融危机后,经济复苏与增长动力不足,政治局势时有动荡,社会思潮复杂多变,族群间冲突不断,生态环境保护压力

① 《十八大以来重要文献选编》(上),中央文献出版社2014年版,第114页。

② 《习近平谈治国理政》第1卷,外文出版社2014年版,第70—71页。

③ 《中国共产党第十八届中央委员会第三次全体会议文件汇编》,人民出版社2013年版,第7页。

明显，各种不确定性显著上升，加剧了中国发展所面临国际环境的复杂性。信息技术、生物技术、人工智能、新材料、新能源等科学技术的迅猛发展，国家边界渐趋模糊化，也给传统意义上的国家主权带来巨大冲击。伴随逆全球化趋势和保护主义、民粹主义、极端主义势力抬头，既有国际政治格局和贸易格局受到质疑，若干热点地区冲突对抗不断，国家间博弈日趋复杂，既有矛盾冲突时有升级，周边热点事件不断，给中国的战略安全带来不小挑战。这些因素叠加起来，使中国的国家治理在聚焦国内问题的同时，需要更加注重处理国际环境变化带来的问题。从国内情况看，中国经济增长速度换挡期、结构调整阵痛期、前期刺激政策消化期三期叠加，急速的城镇化、工业化和信息化三化叠加，使国家治理同时面临着迥然不同的多重任务。一方面，中国现代化过程中出现了大量新问题，社会流动性的增强打破了传统的单位制、属地化管理体制，但科学有效的统一管理体系和社会治理体系仍未建立，治理的复杂性挑战着传统的行政管理体制，构建扁平化的管理结构成为趋势。另一方面，中国改革发展的成果举世瞩目，但利益分化、阶层固化、特权腐化、环境污化诸多挑战接踵而至。绝对贫困等传统难题、现代化过程出现的新难题、"后现代"式的难题，三种难题叠加形成的发展不平衡不充分问题，大大增加了国家治理的难度和复杂性。所以，党的十八届三中全会强调推进国家治理体系和治理能力现代化，顺应经济社会发展大趋势的战略性、历史性选择，具有重大而深远的理论意义和现实意义。之后党的十八届四中、五中、六中全会和十九届三中全会，又分别就全面依法治国、全面建成小康社会、全面从严治党及深化党和国家机构改革作出了深入部署。

进入新时代，以习近平同志为核心的党中央在准确把握国际国内形势变化发展的基础上，提出了国家治理的一系列新理念新思想新战略，推动了国家治理的新实践，加快了治理体系建设和治理能力建设的步伐。总体上看，在推进国家治理现代化的思考中，蕴含着当代中国共产党人的丰富经验和创新要点。一是在治理目标上，具有鲜明的问题导向性。党的十八大以来面临的主要问题，就是如何顺利实现第一个百年奋斗目标，进而为第二个百年奋斗目标而努力，并在此基础上基本实现现代化的问题。以习近平同志为核心的党中央紧紧抓住这个问题作为导向，坚持和完善社会主义制度，推进国家治理体系和治理能力现代化，必然就成为这个问题的答案。针对经济社会发展中存在的阶段性、区域性、群体性问题，中国共产党也在充分发扬民主基础上统一思想，给出了明确的时间表、路线图。二是在治理内容上，强调全面性和系统性。通过统筹推进"五位一体"总体布局和协调推进"四个全面"战略布局，政府建设、社会建设、文化建设、法治建设等各个领域联动起来、相互配合，大力克服条块分割、地方主义、部门主义、各自为政等长期存在的积弊。三是在治理方式上，注重协同性。党的坚强领导是有效总揽全局、顺利协调各方的前提，但需要充分调动社会各个方面的积极性主动性创造性，通过建立党委领导、政府主导、社会协同、公民参与、法治保障五大要素的协调配合机制，形成统筹谋划、相互配合、有效沟通、协同发力的治理格局。四是在治理目标上，突出效能性。重点是使国家治理者善于运用法治思维和法律制度治理国家，实现国家治理体系的制度化、科学化、规范化、程序化，从而把中国特色社会主义各方面的制度优势转化为治理国家的效能。

适应国家现代化总进程的需要，党中央对全面推进依法治国的若干重大问题作出决定，对制度建设和治理能力建设作出了战略安排，就修改宪法和深化党和国家机构改革作出部署，在制度建设和治理能力建设上不断迈出新的步伐。2019年11月，党的十九届四中全会审议通过了《中共中央关于坚持和完善中国特色社会主义制度、推进国家治理体系和治理能力现代化若干重大问题的决定》。全会从政治上、全局上、战略上全面总结党领导人民在我国国家制度建设和国家治理方面取得的成就、积累的经验、形成的原则，凝练概括我国国家制度和国家治理体系所具有的显著优势，全面回答了在我国国家制度和国家治理体系上应该"坚持和巩固什么、完善和发展什么"这个重大政治问题，明确了新时代坚持和完善中国特色社会主义制度、推进国家治理体系和治理能力现代化的总体要求、总体目标和重点任务，这在党的历史上是第一次，体现了以习近平同志为核心的党中央高瞻远瞩的战略眼光和强烈的历史担当，旨在用科学有效的制度为实现中华民族伟大复兴的中国梦保驾护航，在党的历史上无疑具有里程碑意义。

全会第一次系统描绘了中国特色社会主义制度的"图谱"。全会通过的决定指出，中国特色社会主义制度体系由13个方面制度组成，即：党的领导制度体系、人民当家作主制度体系、中国特色社会主义法治体系、中国特色社会主义行政体制、社会主义基本经济制度、繁荣发展社会主义先进文化的制度、统筹城乡的民生保障制度、共建共治共享的社会治理制度、生态文明制度体系、党对人民军队的绝对领导制度、"一国两制"制度体系、独立自主的和平外交政策、党和国家监督体系。在中国制度的"图谱"中，"党的领导制度"是国家的根本领导制度，统领和贯穿其他12个方面制度。全会提出的这13个方面制度，都是中国特色社会主义制度必不可少的组成部分，共同构成我国国家制度和国家治理体系的"四梁八柱"。全会坚持根本制度、基本制度、重要制度相衔接，既统筹顶层设计和分层对接，又统筹制度改革和制度运行，体现了总结历史和面向未来的统一、保持定力和改革创新的统一、问题导向和目标导向的统一，不仅有利于构建系统完备、科学规范、运行有效的制度体系，而且使党和国家长治久安有了制度支撑，必将对推动各方面制度更加成熟更加定型、把我国制度优势更好转化为国家治理效能产生重大而深远的影响。

全会凝练概括了我国国家制度和国家治理体系13个方面的显著优势。全会强调，我国国家制度和国家治理体系具有多方面的显著优势，主要是：坚持党的集中统一领导，坚持党的科学理论，保持政治稳定，确保国家始终沿着社会主义方向前进的显著优势；坚持人民当家作主，发展人民民主，密切联系群众，紧紧依靠人民推动国家发展的显著优势；坚持全面依法治国，建设社会主义法治国家，切实保障社会公平正义和人民权利的显著优势；坚持全国一盘棋，调动各方面积极性，集中力量办大事的显著优势；坚持各民族一律平等，铸牢中华民族共同体意识，实现共同团结奋斗、共同繁荣发展的显著优势；坚持公有制为主体、多种所有制经济共同发展和按劳分配为主体、多种分配方式并存，把社会主义制度和市场经济有机结合起来，不断解放和发展社会生产力的显著优势；坚持共同的理想信念、价值理念、道德观念，弘扬中华优秀传统文化、革命文化、社会主义先进文化，促进全体人民在思想上精神上紧紧团结在一起的显著优势；坚持以人民为中心的发展思想，不断保障和改善民生、增进人民福祉，走共同富裕道路的显著优势；坚持改革创新、与时俱进，善于自我完善、自我发展，使社会充满生机活力的显著优势；坚持德才兼备、选贤任能，聚天下英才而用之，培养造就更多更优秀人才的显著优势；坚持党指挥枪，确保人民军队绝对忠诚于党和人民，有力保障国家主权、安全、发展利益的显著优势；坚持"一国两制"，保持香港、澳门长期繁荣稳定，促进祖国和平统一的显著优势；坚持独立自主和对外开放相统一，积极参与全球治理，为构建人类命运共同体不断作出贡献的显著优势。这些显著优势，是我们坚定中国特色社会主义道路自信、理论自信、制度自信、文化自信的基本依据。深刻揭示了中国特色社会主义制度和国家治理体系为什么具有强大生命力和巨大优越性，为坚持和完善中国特色社会主义制度、推进国家治理体系和治理能力现代化指明了方向。这13个方面显著优势，集长期以来特别是党的十八大以来我们党在国家制度建设和国家治理方面不断丰富的理论认识之大成，使我们对我国国家制度和国家治理体系的认识更为深刻、更为全面，既是我们党领导人民创造经济快速发展和社会长期稳定"两大奇迹"的"密码"所在，也是坚定"四个自信"的基本依据所在。充分认识这13个方面的显著优势，有利于明确新时代坚持和完善各方面制度必须坚持和巩固的根本点、完善和发展的方向，使各方面制度建设有序展开，把党和国家长治久安的制度根基夯实、筑牢。

党的十九届四中全会对制度建设进行总体谋划、系统安排，全面系统地阐述了我国国家制度和国家治理体系的13个"显著优势"，明确提出了推进国家治理体系和治理能力现代化的13个"坚持和完善"，为全国人民乃至全世界人民科学认识和读懂中国特色社会主义制度提供了一个"全息图景"和"认知坐标"，为进一步全面深化改革指明了方向。全会审议通过的决定，是坚持和完善中国特色社会主义制度、推进国家治理体系和治理能力现代化的政治宣言和行动纲领，在坚持和发展中国特色社会主义的历程中具有里程碑意义。

二、加强党的全面领导取得巨大成效

现代国家的发展历程表明，政党是现代国家治理的重要组织力量。在中国，中国共产党是各项事业的坚强领导核心，是最高政治领导力量。中华民族近代以来一百八十多年的历史、中国共产党成立以来一百年的历史、中华人民共和国成立以来七十多年的历史都充分证明,没有中国共产党,就没有新中国,就没有中华民族的伟大复兴。2015年2月,习近平总书记在省部级主要领导干部学习贯彻党的十八届四中全会精神全面推进依法治国专题研讨班上的讲话中指出:"党政军民学,东西南北中,党是领导一切的,是最高的政治领导力量。形象地说是'众星捧月',这个'月'就是中国共产党。在国家治理体系的大棋局中,党中央是坐镇中军帐的'帅',车马炮各展其长,一盘棋大局分明。"可见,坚持党的全面领导和党中央的集中统一领导,是推进国家治理体系和治理能力现代化的根本保证和关键所在。

改革开放以后,党为加强和改善党的领导进行持续努力,为党和国家事业发展提供了根本政治保证。同时,一个时期以来,党内也存在不少对坚持党的领导认识模糊、行动乏力问题,有的人在这个问题上讳莫如深、语焉不详甚至搞包装,没有前提地搞党政分开,结果弱化了党的领导,削弱了党的建设,存在不少落实党的领导弱化、虚化、淡化、边缘化问题。"习近平总书记对坚持和加强党的领导从来都是充满自信、决不回避退让，系列重要讲话万变不离其宗，根本是坚持党的领导；无论哪个领域、哪方面工作，无一不是从加强党的领导抓起，最终落脚在强化党的建设上。"①以习近平同志为核心的党中央旗帜鲜明提出，党的领导是党和国家的根本所在、命脉所在，是全国各族人民的利益所系、命运所系，明确中国特色社会主义最本质的特征是中国共产党领导，中国特色社会主义制度的最大优势是中国共产党领导，中国共产党是最高政治领导力量。通过澄清模糊认识，夺回丢失的阵地，把走弯了的路调直，树立起党中央的权威，弱化党的领导的状况得到根本性扭转。

加强党自身的组织体系建设。作为一个长期执政的党，中国共产党在治国理政方面积累了丰富的经验，其中非常重要的一条就是党的全面领导、党的全部工作要靠党的组织体系去实现。只有党的各级组织都健全、都过硬，形成上下贯通、执行有力的严密组织体系，党的领导才能"如身使臂，如臂使指"，有效发挥领导核心的作用。党的十八大后，党中央针对

---

① 王岐山：《开启新时代，踏上新征程》，《人民日报》2017年11月7日。

党的组织建设中存在的突出问题，在坚定不移全面从严治党过程中，更加注重党的自身组织体系建设，突出增强各级党组织政治功能和组织力，构建上下贯通、执行有力的严密组织体系。首先，党中央作出一系列重大制度安排，加强全党组织体系的"大脑"和"中枢"作用。对中央委员会、中央政治局及其常务委员会组成人员提出明确要求，第一次规定了党的中央组织监督职能，加强和规范党内政治生活、强化党内监督；调整完善决策议事协调机构，优化中央工作部门职能；党中央带头严明党的政治、组织、廉洁、群众、工作、生活各项纪律，严格执行中央八项规定及其实施细则，以身作则开展党内集中教育，带动召开民主生活会，进行对照检查和党性分析，为全党树立标杆、作出表率。其次，党中央对统筹推进中央和国家机关党的建设以及地方党委、基层党组织建设，建立健全包括组织设置、组织生活、组织管理、组织监督等在内的完整组织制度体系，完善党委（党组）落实全面从严治党的主体责任，不断提高党的组织建设的制度化、规范化、科学化水平，大力提高各级党组织政治领导力、思想引领力、群众组织力、社会号召力。同时，党中央树立大抓基层的鲜明导向，分别召开了农村、城市、国企、高校、社会组织等领域党建工作会议，统筹推进各领域基层党组织建设，严格控制党员入口条件，持续整顿软弱涣散党组织，不断增强基层党组织的战斗堡垒作用。

建立健全党领导一切工作的制度体系。要实现党对一切工作的领导，必须加强党内贯彻民主集中制原则的具体制度建设，必须建立健全党领导经济、政治、文化、社会、军队、外交等各领域改革发展的制度体系。党的十八大之后，不断理顺党的组织同其他组织之间的关系，完善党领导人大、政府、政协、监察机关、审判机关、检察机关、武装力量、人民团体、企事业单位、基层群众性自治组织、社会组织等制度，确保党在各种组织中发挥领导作用。2015年1月，中共中央印发《关于加强和改进党的群团工作的意见》，强调党的领导是做好群团工作的根本保证；6月，中共中央印发《中国共产党党组工作条例（试行）》，这是中国共产党在党组工作方面第一部专门党内法规，对党组设立、职责、组织原则、议事决策等作出全面规范，明确了党组管党治党的政治责任，确保党的理论和路线方针政策得到贯彻落实；12月，中共中央修订颁布《中国共产党地方委员会工作条例》，突出地方党委全面从严治党的政治责任，健全地方党委发挥领导核心作用的制度基础，完善了地方党委运行机制。同年9月，中共中央办公厅印发了《关于加强社会组织党的建设工作的意见（试行）》，强调要加大社会组织党的组织组建力度，实现党的组织和党的工作有效覆盖，切实发挥好社会组织党组织的政治核心作用。2016年10月，中央召开全国国有企业党的建设工作会议，针对党的建设弱化、淡化、虚化、边缘化问题，强调要坚持党对国有企业的领导不动摇，对解决和落实国有企业党的领导作出系统部署。2017年2月，中共中央、国务院印发《关于加强和改进新形势下高校思想政治工作的意见》，要求把党的建设贯穿始终，牢牢掌握党对高校的领导权。2019年5月，中共中央办公厅印发《关于加强和改进城市基层党的建设工作的意见》，对进一步建强街道社区党组织、增强城市基层党建工作的组织领导等作出规定。2020年3月，中共中央办公厅印发《党委（党组）落实全面从严治党主体责任规定》，强调党委（党组）必须守责、负责、尽责，加强对全面从严治党各项工作的领导。2018年宪法修订把马克思主义中国化最新成果的"习近平新时代中国特色社会主义思想"写入宪法，重构了我国宪法指导思想与指导原则。把"党的领导"从宪法序言扩展到总纲部分成为宪法规范，并把它确定为中国特色社会主义最本质的特征，重塑了宪法的国体构成要素，为党的全面领导提供了宪法基础性依据。

加强和维护党中央集中统一领导。党中央集中统一领导是党的领导的最高原则，坚持党的领导首先要旗帜鲜明讲政治，保证全党服从中央。2016年10月，党的十八届六中全会审议通过《关于新形势下党内政治生活的若干准则》，要求党的各级组织、全体党员特别是高级干部都要向党中央看齐，向党的理论和路线方针政策看齐，向党中央决策部署看齐，做到党中央提倡的坚决响应、党中央决定的坚决执行、党中央禁止的坚决不做。2017年10月，党中央出台《中共中央政治局关于加强和维护党中央集中统一领导的若干规定》，要求中央政治局全体同志要主动将重大问题报请党中央研究，认真落实党中央决策部署并及时报告落实的重要进展；要对党忠诚老实、自觉同违反党章、破坏党的纪律、危害党中央集中领导和团结统一的言行作斗争，认真履行所分管部门、领域或所在地区的全面从严治党责任；要坚持每年向党中央和总书记书面述职，严格遵守有关宣传报道的规定。中央书记处和中央纪律检查委员会、全国人大常委会党组、国务院党组、全国政协党组、最高人民法院党组、最高人民检察院党组每年向中央政治局常委会、中央政治局报告工作。同时，努力健全和认真落实民主集中制的各项具体制度，强化党中央决策议事协调机构职能作用，建立习近平总书记重要指示批示和党中央重大决策部署落实机制，严格执行向党中央请示报告制度，不断强化政治监督，与时俱进深化政治巡视，构建巡视巡查上下联动工作格局，查处违背党的路线方针政策、破坏党的集中统一领导问题，清除"两面人"，促使全党同志坚定捍卫"两个确立"，坚决做到"两个维护"。2018年宪法修正案将国家主席"连续任职不得超过两届"内容删去，保证了中共中央总书记同时兼任国家主席、中央军委主席这种"三位一体"的国家领导人体制的一致性。这一修订有利于维护以习近平同志为核心的党中央权威和集中统一领导，有利于加强和完善党和国家领导体制，增强政治意识、大局意识、核心意识、看齐意识，自觉在思想上政治上行动上同党中央保持高度一致。

切实推动党的领导制度具体化、程序化、法治化。党的十八大以来，以习近平同志为核心的党中央从顶层设计出发，加快完善党内法规，实现依规治党与依法治国有机结合。2013年出台的《中央党内法规制定工作五年规划纲要（2013—2017年）》强调，抓紧建立健全党的领导制度的具体制度，着力构建党的领导制度体系，切实推动民主集中制具体化、程序化。随后,《中国共产党党组工作条例》《关于新形势下党内政治生活的若干准则》《中国共产党工作机关条例（试行）》等党内法规相继出台，党的领导制度体系逐步完善，党的全面领导更加具体、更加细致地落实到每一项党内法规中，覆盖党内运行机制的全过程。党中央从干部选拔、领导班子建设、议事决策、重大决策落实、严格执行请示报告制度、强化政治监督、深化政治巡视等方面入手，深化、细化、实化党的领导制度的配套机制，不断完善党领导各项事业的具体制度。为确保党的领导制度和每一项具体制度落地落实，党中央还完善了党内监督法规，出台了《中国共产党问责条例》《中国共产党党内监督条例》《中国共产党纪律处分条例》，全方位加强党的自我监督和党员干部问责处分。在大力完善党内法规制度体系的过程中，尤其注重党内法规同国家法律的衔接和协调制度建设，将党内法规体系纳入中国特色社会主义法治体系之中并成为不可分割的有机组成部分，形成了中国法治体系的创新性拓展。

三、实现国家组织机构和管理体制的整体性重构

深化党和国家机构改革是完善和发展中国特色社会主义制度、推进国家治理体系和治理能力现代化的必然要求。党和国家机构职能体系是中国特色社会主义制度的重要组成部分，是我们党治国理政的重要保障。推进国家治理体系和治理能力现代化，必须深化党

和国家机构改革，健全完善党和国家机构职能体系。党的十八大以来，以习近平同志为核心的党中央深化党和国家机构改革，在一些重要领域和关键环节取得重大进展，但面对新时代新任务提出的新要求，党和国家机构设置、职能配置、履职能力与实现国家治理体系和治理能力现代化的要求还不完全适应。主要是：一些领域党政机构重叠、职责交叉、权责脱节问题比较突出；一些政府机构设置和职责划分不够科学，职责缺位和效能不高问题凸显，政府职能转变还不到位；一些领域中央和地方机构职能上下一般粗，权责划分不尽合理；等等。为此，2018年2月，党的十九届三中全会专题研究机构改革问题，审议通过了《中共中央关于深化党和国家机构改革的决定》和《深化党和国家机构改革方案》。全会指出，深化党和国家机构改革的目标是，构建系统完备、科学规范、运行高效的党和国家机构职能体系，形成总揽全局、协调各方的党的领导体系，职责明确、依法行政的政府治理体系，中国特色、世界一流的武装力量体系，联系广泛、服务群众的群团工作体系，全面提高国家治理能力和治理水平，为形成更加完善的中国特色社会主义制度创造有利条件。

从2018年3月到2019年3月，在党中央的坚强领导和周密部署下，从中央到地方，一场涉及全国的机构改革稳步扎实推进。这次机构改革是对党和国家组织机构和管理体制的一次系统性、整体性重构：中央和国家机关层面，这次机构改革涉及180多万人，涉及管理体制、机构设置、职责和人员调整的部门达80多个；组建和重新组建部级机构25个，调整优化领导管理体制和职责部级机构31个；中央层面有39个部门重新制定了"三定"规定，共精简内设机构107个，精简15.4%；地方省级层面，党政机构较改革前减少8个，行政编制减少1343名。这些数据的背后，是党和国家机构设置和职能配置的深刻调整和全面优化：党中央职能部门、办事机构、派出机关和直属事业单位设置进一步优化；国务院机构优化调整，经济调节、市场监管、社会管理、公共服务、生态环境保护职能得到加强；有序推进市场监管、生态环境保护、文化、交通运输、农业等领域综合执法改革，大幅减少执法队伍种类。通过深化党和国家机构改革，不仅实现了合署办公、人员转隶、机构挂牌等显性的"物理变化"，而且通过人员融合、业务融合和职能优化，产生出一系列深刻的"化学反应"。

一是加强党的全面领导得到有效落实，维护党的集中统一领导的机构职能体系更加健全。本轮机构改革注重完善党对重大工作的领导体制机制，优化党中央决策议事协调机构。根据改革方案，新组建中央全面依法治国委员会和中央审计委员会，将深改、网信、财经、外事等4个领导小组改为委员会，新组建中央教育工作领导小组。统筹设置党政机构，构建分工合理、责任明确、运转协调的党政机构职能体系。机构改革后，中央组织部统一管理公务员工作，中央宣传部统一管理新闻出版和电影工作，中央统战部统一管理宗教工作和侨务工作。更好发挥党的职能部门归口协调作用，改革后形成了大组织、大宣传、大统战的归口管理格局。

中央组织部统一管理中央编办，中央统战部统一领导国家民委，整合组建中央和国家机关工委，中央宣传部归口领导中央广播电视总台。

二是党和国家机构履职更加顺畅高效，各类机构设置和职能配置更加适应统筹推进"五位一体"总体布局和协调推进"四个全面"战略布局需要。本轮机构改革根据"一类事项原则上由一个部门统筹、一件事情原则上由一个部门负责"的思路，通过梳理各部门事权类型和特点，整合职责相近或联系紧密的职能职责组建新机构。自然资源部整合了原分属国土、水利、农业、林业等部门的自然资源管理职责，应急管理部整合了原分散于安监、国务院办公厅、公安、民政等10余个部门的职责，市场监管总局整合了原工商、质检和食品监管部门的职能职责。围绕人民日益增长的美好生活需要，突出问题导向推进机构改革。生态环境部整合了多部门环境保护职责，统一行使生态和城乡各类污染物排放的监管和执法职责。国家医保局统筹推进医疗、医保、医药"三医联动"改革，有力保障人民群众获得更加公平可及的医疗卫生服务。卫健委整合全国老龄办相关职能，为积极应对人口老龄化和向国民提供全周期健康服务提供了组织保障。

三是省市县主要机构设置和职能配置同中央保持基本对应，构建起从中央到地方运行顺畅、充满活力的工作体系。本轮地方机构改革既要完成中央明确部署的"规定动作"，也要发挥好省级及以下机构设置自主权，在一定范围内因地制宜设置机构和配置职能。

省、市、县各级涉及党中央集中统一领导和国家法制统一、政令统一、市场统一的机构职能与中央基本对应，确保机构职能履行上下贯通、执行有力。应急管理、退役军人事务、医疗保障等重点领域新组建机构，实现了从中央到省、市、县（区）四级上下一致对应设置。此外，各地还运用自主权在优化决策议事协调机构、加大党政机构合并设立或合署办公力度、根据新形势任务设置地方特色机构等方面，完成了一系列"自选动作"。

四是增强机构改革的整体性、系统性、协同性，同步推进相关各类机构改革，改革整体效应进一步增强。本轮改革整体性推进中央和地方各级机构改革，根据时间表、任务图确保中央和省、市、县（区）改革有机衔接、有序推进。坚持党政军群机构改革协同推进，重构性健全党的领导体系、政府治理体系、武装力量体系、群团工作体系。发挥党总揽全局、协调各方作用，推动人大、政府、政协、监察机关、审判机关、检察机关、武装力量、人民团体、企事业单位、基层群众性自治组织、社会组织等在党统一领导下协调行动、增强合力。构建系统完备、科学规范、运行高效的党和国家机构职能体系，系统性增强党的领导力、政府执行力、武装力量战斗力和群团组织活力。

深化党和国家机构改革，是全面深化改革的一个重大动作，是推进国家治理体系和治理能力现代化的一次成功行动。最为显著的成果，就是从机构职能上把加强党的领导落实到各个领域、各个方面、各个环节，加强了党对各领域重大工作的领导，党中央权威和集中统一领导得到加强；同时，通过更加明确、更加科学的职能分工，让我国的国家治理体系更加符合现代化的要求，能够更为顺畅高效运行。当然，改革不会一蹴而就、一劳永逸。习近平总书记指出，要以坚持和加强党的全面领导为统领，以推进党和国家机构职能优化协同高效为着力点，把机构职责调整优化同健全完善制度机制有机统一起来、把加强党的长期执政能力建设同提高国家治理水平有机统一起来，继续巩固机构改革成果。

四、形成符合中国国情的全过程人民民主

改革开放以后，党领导人民坚持中国特色社会主义政治发展道路，发展社会主义民主，取得重大进展。经过三十多年的快速发展，中国一跃成为世界第二大经济体，经济社会发展成就令世界瞩目。中国特色社会主义进入新时代，中国人民迎来了走向"强起来"、实现中华民族伟大复兴的光明前景，但社会发展不平衡、不充分的问题也日益凸显，人民向往包括民主、法治、公平、正义等各方面要求在内的美好生活的愿望更加强烈。基于对以往政治协商与社会协商发展经验的总结，党的十八大报告指出"社会主义协商民主是我国人民民主的重要形式"。党的十八届三中全会继而提出了"推进协商民主广泛多层制度化发展"的改革目标与要求，强调要通过各种途径、各种渠道、各种方式来调动人民参与、听取人民诉求，统筹协调多方利益、维护社会公平正义，使改革发展成果更好地惠

及全体人民。

党从国内外政治发展成败得失中深刻认识到，建设社会主义民主政治，发展社会主义政治文明，必须使中国特色社会主义政治制度深深扎根于中国社会土壤，照抄照搬他国政治制度行不通，甚至会把国家前途命运葬送掉。必须坚持党的领导、人民当家作主、依法治国有机统一，积极发展全过程人民民主，健全全面、广泛、有机衔接的人民当家作主制度体系，构建多样、畅通、有序的民主渠道，丰富民主形式，从各层次各领域扩大人民有序政治参与，使各方面制度和国家治理更好体现人民意志、保障人民权益、激发人民创造。2015年，中共中央印发了《关于加强社会主义协商民主建设的意见》，提出了加强协商民主建设的指导思想、基本原则和渠道程序，此后有关社会主义协商民主的创新实践蓬勃发展起来。

习近平总书记指出："人民当家作主必须具体地、现实地体现到中国共产党执政和国家治理上来，具体地、现实地体现到中国共产党和国家机关各个方面、各个层级的工作上来，具体地、现实地体现到人民对自身利益的实现和发展上来。"①党的十八大以来，我国社会主义民主政治制度化、规范化、程序化全面推进，中国特色社会主义政治制度优越性得到更好发挥，生动活泼、安定团结的政治局面得到巩固和发展。

首先，党坚持和完善人民代表大会制度，支持和保证人民通过人民代表大会行使国家权力，支持和保证人大依法行使立法权、监督权、决定权、任免权，维护人民代表大会制度权威和尊严，发挥人民代表大会制度的根本政治制度作用。为确保人大代表同人民群众保持全天候联系，从全国人大到地方人大都进行了一系列积极探索，形成了许多好的经验做法，取得了明显的实效。除了开展代表小组活动、视察调研、召开座谈会、走访、通信、进行问卷调查等传统方式外，各级人大门户网站、代表履职服务网络平台、网上联络站的建设，网络访谈、在线交流等创新活动的开展，以及代表联络站在地方"遍地开花"，搭建起代表和群众的"连心桥"，打通了代表联系群众的"最后一公里"。在实践探索的基础上，及时总结有益经验，加强制度规范和顶层设计，进一步建立健全代表

---

① 习近平：《在庆祝中国人民政治协商会议成立65周年大会上的讲话》，人民出版社2014年版，第13页。

联系人民群众的制度机制和工作平台、网络平台，丰富和拓展代表联系群众的渠道、方式和内容，使广大人民群众通过"全天候联系"实现"全过程参与"。

其次，党坚持和完善中国共产党领导的多党合作和政治协商制度，完善民主党派中央对重大决策部署贯彻落实情况实施专项监督、直接向中共中央提出建议等制度，加强人民政协专门协商机构制度建设，推进社会主义协商民主广泛多层制度化发展，形成中国特色协商民主体系。

再次，党坚持巩固基层政权，完善基层民主制度，完善办事公开制度，保障人民知情权、参与权、表达权、监督权。在城市和乡村的基层实践中，不断拓展和完善实现人民民主的适合形式，恳谈会、议事会、协商会、业主委员会、志愿者组织等成为广大群众实施自我管理、自我服务的重要方式。

最后，党领导国家立法机关科学立法、民主立法，修订了宪法和人民代表大会选举法、组织法，颁布了各级人大常委会监督法，先后出台关于深化行政管理体制和机构改革、加强人大制度建设、加强人民政协工作以及人民法院、人民检察院工作的文件，保证人民依法实行民主选举、民主协商、民主决策、民主管理、民主监督。《中华人民共和国民法典》的编纂与出台，既是新时代中国特色社会主义法治进程中科学立法、民主立法、依法立法的重要里程碑，也是提升国家治理体系和治理能力现代化的重大举措，其宗旨和目的就是保障私权，更好保障人民合法权益，更好护航人民美好生活，不断维护广大人民群众的利益。可以说，通过保障民主选举、扩大民主协商、落实民主决策、坚持民主管理、加强民主监督为实现人民当家作主提供了有力保障，中国共产党团结带领中国人民不断发展全过程人民民主，确保了我国各方面制度和国家治理更好体现人民意志、保障人民权益、激发人民创造。

虽然各国追求的民主价值有着相似性，但每个国家只有立足自身客观实际、结合自身历史文化传统，才能走出一条符合自身国情的民主道路。2019年11月，习近平总书记在上海长宁区考察时强调，我们走的是一条中国特色社会主义政治发展道路，人民民主是一种全过程的民主，所有的重大立法决策都是依照程序、经过民主酝酿，通过科学决策、民主决策产生的。实践证明，全过程人民民主就是一条符合中国国情的民主道路，实现了过程民主和成果民主、程序民主和实质民主、直接民主和间接民主、人民民主和国家意志相统一，是全链条、全方位、全覆盖的民主，是最广泛、最真实、最管用的社会主义民主，是确保我们国家制度治理效能有效提升的制度体系。

全过程人民民主丰富和发展了社会主义民主政治理论，为新时代中国特色社会主义政治发展道路提供了方向指引，为人类政治文明发展进程贡献了中国智慧与中国方案。根据2020年哈佛大学肯尼迪学院调查报告提供的数据，中国共产党执政的民众满意度为93%，居世界各国执政党支持率之首，说明中国共产党作为执政党，有着最深厚和广泛的群众基础。

五、在应对各种风险挑战中发挥出治理效能

不断提高国家安全能力既是坚持和完善中国特色社会主义制度、推进国家治理体系和治理能力现代化的重要方面,也是实现中华民族伟大复兴即实现"强起来"的基本保障。进入新时代,我国发展不平衡不充分的问题全面凸显,改革发展稳定任务艰巨繁重,世界呈现百年未有之大变局,中国面临的外部挑战错综复杂,需要进行具有许多新的历史特点的伟大斗争。2018年1月,习近平总书记在新进中央委员、候补委员和省部级主要领导干部学习贯彻党的十九大精神研讨班上强调:"面对波谲云诡的国际形势、复杂敏感的周边环境、艰巨繁重的改革发展稳定任务,我们既要有防范风险的先手,也要有应对和化解风险挑战的高招;既要打好防范和抵御风险的有准备之战,也要打好化险为夷、转危为机的战略主动战。"[1]在总体国家安全观的指导下,党中央统筹国内国际两个大局、发展安全两件大事,国家治理体系在应对化解风险挑战中得到充分检验。

---

[1] 《习近平谈治国理政》第3卷,外文出版社2020年版,第73页。

一是有效应对美国对华发起的全面围攻。 1991年苏联解体后，美国成为世界上唯一的超级强国，保持世界领导地位成为美国不变的全球战略。2010年中国经济总量跃升到世界第二位后，美国感到中国快速崛起对其世界老大地位带来了潜在威胁。于是，进入新世纪第二个十年，美国就加强了对中国战略的调整布局。继2011年奥巴马总统提出"转向亚洲"战略后，2012年6月美国政府又制定了"亚太再平衡战略"，开始介入了南海争端，意图从军事上遏制中国。同时，美国政府大力推进TPP（"跨太平洋伙伴关系协定"）建设，意图在经贸上与中国脱钩，公开宣称"不能允许中国来书写全球经济规则"。特朗普当选美国总统后，遏制中国发展的意图更加明确。2017年12月，美国白宫发布的《美国国家安全战略报告》，公开宣布中国是美国头号战略竞争对手，是对美国国家安全的最大威胁。2018年4月，美国政府对中国发起了贸易战，对中国铝材钢铁进行大幅度加税，以涉嫌危及美国安全等名义对中兴通讯、华为等企业进行绞杀，随后进一步干涉台湾、香港和南海等中国的主权事务，不断加大了对华遏制打压的手段和力度。甚至在2020年5月美国白宫发布的《美国对中华人民共和国的战略方针》中，毫不含糊地指出中美竞争是"两种制度之间的长期战略竞争"。

中美关系发生逆转最根本的原因，在于美国政客的霸权主义思维在作怪，不接受中国和平崛起的事实。美国发起这场贸易战，从根本上看是不承认中国的发展权，通过阻止中国的现代化进程，保持美国和中国之间的发展差距，使美国能够在较长时期内稳居经济总量全球第一的位置。因为在他们眼中，中国只能是"打工仔""随从"，不能有任何削弱美国特权地位的潜在能力。所以，特朗普上台后，美国就利用多种手段对华进行全力打压和遏制。在美国政府的步步操弄下，中美关系发生逆转，双方关系紧张的矛头从经贸、科技领域不断扩展至疫情、南海、香港等时政领域，甚至关闭总领馆。拜登上台后，对中国的强硬态度比特朗普有过之而无不及，搬弄新疆和香港等话题制裁中国，并借新冠病毒溯源问题在国际舆论大肆"围剿"中国。

美国对中国采取贸易制裁措施，美方一直处于攻势，中方处于守势。自2018年4月中美贸易战爆发以来，针对美国的无理行径和步步紧逼，我国政府按照有理、有利、有节的原则采取了一系列等量的反制裁措施，力求捍卫自身的合法权益；同时始终坚持通过对话协商解决争议的基本立场，努力稳定双边经贸关系，捍卫自由贸易和多边体制、捍卫各国人民的共同利益。2020年新冠肺炎疫情暴发后，面对美国等西方国家政客极力"污名化"中国，并拿中国当"替罪羊"掩盖自身抗疫失败责任的无赖行为，我们组织开展了旗帜鲜明的舆论斗争，通过有理有据的事实批驳和揭穿他们的谎言。此外，针对美国不断"退群""甩锅"给国际关系造成的不利局面，中国政府以一个负责任大国的姿态，诚心尽力为世界提供多种国际公共产品，竭力维护世界多边主义的政治大局，在国际社会赢得越来越多的好评。在此过程中，中国凭借政治稳定、经济基础、科技实力、军事实力等比较优势，特别是全球供应链的优势应对美国，"化危为机"重塑大国竞争的态势和格局，增强了我国"逆势"发展的韧性，体现出国家治理体系应对外来冲击的有效性。

从发展态势看，美国导演的一系列反华行动，虽然目前并没有达到预期目的，但中美关系却显然回不到从前了。由于不会心甘情愿地接受一个社会制度、意识形态、文化传统乃至种族都很不相同的大国崛起，美国势必千方百计、不遗余力甚至没有底线地对华打压、遏制、分化、"围剿"。特别是2021年3月美国国家安全委员会发布《国家安全战略中期指导方针》之后，美国已视中国为"现有国际体制的主要挑战者"和"美国最严峻的竞争对手"，加紧组建反华联盟，扩大实施印太战略，对华"围剿"正在演变成一场整体战、消耗战、持久战。对此我们要有清醒的头脑、充分的准备，应对好中美关系今后的曲折、动荡甚至"坐过山车"的场景。在统筹发展与安全问题上确立底线思维，坚决维护好主权、安全、发展利益，维护好14亿人民艰苦奋斗的成果，维护好中华民族伟大复兴的战略全局。

二是有效处置反中乱港势力造成的国家安全危机。香港回归之后，中央政府坚定不移地执行"一国两制，港人治港"的政策方针，香港继续保持了国际金融、航运、贸易中心地位，并被众多国际机构评为全球最自由经济体和最具竞争力地区之一。但也毋庸讳言，贫富悬殊、分配不公、利益固化及社会流动性减弱等问题也一直困扰香港，居住条件差、保障弱、就业难等民生痼疾始终存在，香港基层居民的怨气与日俱增。同时，西方势力培植的反中乱港势力，将香港长期存在的经济社会深层次结构性矛盾与"一国两制"挂钩，不断制造政治偏见、社会偏见、族群偏见，诱导部分市民将怨气转化为憎恨，指向特区政府、中央政府和内地民众，削弱香港同胞的国家认同。从 2003 年反对基本法第二十三条立法，到 2012 年反对推行"国民教育科"，香港社会的不安定因素呈现波浪式上升，"一国两制"香港实践遭遇到一系列新情况、新问题、新困难、新挑战，尤其是在维护国家安全方面的风险日益增大和凸显，且已逼近不可逾越的底线和红线。

2014 年 8 月，第十二届全国人民代表大会常务委员会第十次会议通过《全国人民代表大会常务委员会关于香港特别行政区行政长官普选问题和 2016 年立法会产生办法的决定》。决定明确，从 2017 年开始，香港特别行政区行政长官选举可以实行由普选产生的办法，普选时须组成一个有广泛代表性的提名委员会提名产生二至三名行政长官候选人，每名候选人均须获得全体委员半数以上的支持；香港特别行政区合资格选民均有行政长官选举权，依法从行政长官候选人中选出一名行政长官人选；行政长官人选经普选产生后，由中央人民政府任命。全国人大常委会通过的这个决定，给外国势力代言人成功上位夺取香港最高治权，设置了难以逾越的门槛。因此，外国势力及其支持的反对派势力十分焦虑与恐慌，于是香港激进反对派便在 2014 年 9 月 28 日发起"占中"（即"占领中环"，全称"让爱与和平占领中环"）行动，误导民众参与大规模群体事件。"占中"行动持续 79 天，给香港社会造成动荡和经济损失，更引发冲突与损伤。"占中"表面上打的是"民主""自由"旗号，实质是一些怀有不可告人目的的人搞乱香港进而搞乱中国的图谋，受的是西方国家在全球推行"颜色革命"的外在影响。

2018年2月，香港居民陈同佳涉嫌在台湾杀害女友后潜逃回港。因港台之间没有签订刑事司法协助安排和移交逃犯协议，陈无法被移交至案发地台湾受审。为维护法治与公义，堵住法律漏洞，香港特区政府提出修订《逃犯条例》和《刑事事宜相互法律协助条例》。特区政府的修例建议旨在完善法制、彰显公义，符合人权保障原则，法律理据充分，有助香港避免成为"逃犯天堂"。然而，香港反对派和激进势力"盯"上了这个机会，自2019年6月起推动各种激进抗争。在特区政府多次表示修例工作已彻底停止后，他们继续以"反修例"为幌子，变本加厉策动暴力且不断升级暴力，煽动和组织大批大中学生包围香港警察总署、立法会等政府机构，并对公共基础设施进行破坏。一些不法分子甚至公然鼓吹"港独"，包围和冲击中央政府驻港机构，侮辱国旗、国徽和区徽，挑战国家主权和"一国两制"原则底线，严重危害国家主权、安全、发展利益。

维护国家安全是"一国两制"的核心要义，从国家层面建立健全香港特别行政区维护国家安全的法律制度和执行机制，十分必要。为此，2020年全国人大审议通过了《关于建立健全香港特别行政区维护国家安全的法律制度和执行机制的决定》，这是"一国两制"制度体系建设具有决定性甚至突破性的大事，填补了国家安全法律的结构性漏洞，表明中央在"一国两制"范畴内有着基础立法者与最终责任人的宪制自觉。2020年6月30日，香港国安法在香港正式刊宪、开始施行，从根本上堵住了香港维护国家安全制度方面的漏洞，终结了香港维护国家安全"不设防"的历史，斩断了内外敌对势力危害国家安全的"黑手"，为维护宪法和基本法确立的香港特别行政区宪制秩序提供了有力武器。

香港国安法实施以来，彻底粉碎了港版"颜色革命"的图谋，香港告别了动荡不安的局面，社会逐步安定繁荣。香港的大街小巷恢复了平静，市民可以安心出行了，商铺可以安心营业了，孩子可以安心上学了，城市重现生机活力。经济繁荣的事实是最好的辟谣者：与国安法实施前的12个月相比，香港的新股集资额逾5000亿港元、多出约50%，香港银行体系的总存款额增加了5.6%；在最新发布的《2021年世界竞争力年报》中，香港在"政府效率"的排名维持在榜首，"商业法规"继续排名在全球第一位。事实证明，香港国安法的颁布实施，既保障了国家安全，也保障了人权和自由，社会正气得到充分彰显，香港社会对"一国两制"认识更趋全面准确。

针对"爱国者治港"根本原则未能全面落实带来的种种乱象，2021年3月召开的十三届全国人大常委会第二十七次会议，审议通过了对香港基本法附件一和附件二的修改。这是全国人大常委会根据《全国人民代表大会关于完善香港特别行政区选举制度的决定》的授权，对香港特别行政区行政长官和立法会两个产生办法作出的一次系统修订，明确规定了选举委员会的构成和产生办法，新的行政长官和立法会产生办法，以及候选人资格审查委员会的运作机制等。这次修改完善了香港特别行政区选举制度，堵住了香港特别行政区现行选举制度中存在的漏洞，构建起一套符合香港实际情况、与"一国两制"实践要求相适应、具有香港特色的民主制度，确保香港特别行政区的管治权牢牢掌握在爱国者手中，为"一国两制"实践行稳致远提供了制度保障。从国家层面修改完善香港特别行政区选举制度，是确保"爱国者治港"得以落实的制度性安排，是维护国家主权、安全、发展利益和香港长期繁荣稳定的必要之举，意义重大，功在当今，利在长远。有民意调查显示，香港71.9%的受访者表示对"一国两制"前景信心增加。

三是统筹推进新冠肺炎疫情防控和经济社会发展。2020年初，新冠肺炎疫情这一近百年来传播速度最快、感染范围最广、防控难度最大的突发公共卫生事件暴发。面对汹汹来袭的疫情，习近平总书记一开始就明确要求要把人民生命安全和身体健康放在第一位，反复强调要把疫情防控工作作为当前最重要的工作来抓。以习近平同志为核心的党中央时刻关注着疫情发展，坚持系统思维，针对疫情变化特点，科学施策、精准施策、统筹谋划，领导全党全军全国各族人民打响了疫情防控的人民战争。在党中央的坚强领导下，各地纷纷启动重大突发公共卫生事件一级响应机制，各部门各地区紧急驰援湖北共同抗击疫情，全国迅速建立联防联控机制，武汉保卫战、湖北保卫战取得决定性成果，迅速阻断了全国本土疫情传播。之后，在960多万平方公里国土上，14亿人民团结一心、众志成城，汇聚起疫情防控的硬核力量，书写了令世界瞩目的伟大"中国抗疫故事",全国抗疫斗争取得重大战略成果。

面对百年变局下的世纪疫情大考,中国共产党带领中国人民书写出的"中国答卷",不仅充分阐释了中国共产党"以人民为中心"的执政理念,而且充分展现了"中国道路""中国制度""中国精神"的巨大威力。两年多来,中国政府所展现出的卓越"领导能力""应对能力""组织动员能力"等,受到国际社会的普遍赞誉。海外舆论普遍认为,在这场没有硝烟的战"疫"中,中国共产党带领中国人民书写的"中国故事"、发出的"中国声音"令世界动容,"中国速度"为防止疫情向世界蔓延争取了宝贵时间,"中国力量"为疫情的防控构筑了坚实防线,"中国经验"为世界防疫事业树立了全新典范。经过全国上下和广大人民群众艰苦努力,我国疫情防控阶段性成效进一步巩固,复工复产取得重要进展,经济社会运行秩序加快恢复。

截至2021年底,在以习近平同志为核心的党中央的带领下,统筹推进疫情防控和经济社会发展工作取得了世界瞩目的成果:全国新冠疫苗接种剂次超27亿,向国际社会提供了约3500亿只口罩,经济社会发展也获得了亮眼的成绩,2021年中国GDP增速为8.1%,两年平均增速达到5.1%,成为支撑全球经济增长的中坚力量。当前,我国坚持"动态清零"的疫情防控策略,在全国各地严格执行全链条精准防控,通过综合防控措施快速扑灭疫情。当下的中国,疫情防控和经济社会发展走在前列,在全球抗疫大考中不断书写新的成绩,为全球抗击疫情提供支持和保障,为世界经济复苏不断注入信心和动力。

国家治理体系和治理能力是一个国家的制度完备程度和执行能力的集中体现。这次全球肆虐的新冠肺炎疫情，也是对中国基层社会治理的大考验。我国几十万个城乡社区（居委会、村委会），作为基层群众自治组织，在疫情防控中发挥了关键作用。快速有效地深入到千家万户的社会动员，以政府为主导，以社区为抓手，从纵向到横向的单位组织、社会组织、志愿者和广大民众广泛参与，形成严格防控的集体意识和社会共识，迅速建立科学、动态的基层社区治理分级防控体制，保障封闭社区的物流和生活必需品供给，形成一种既能够抵御非常态现代社会风险又能够适应常态经济社会生活的基层社会治理新格局。在这场防疫考试中，中国制度的效能和成绩是毋庸置疑的。

进入新时代，中国从战略高度谋划制度现代化问题。党的十八届三中全会首次提出"国家治理体系和治理能力现代化"的命题，党的十九届四中全会对此进行全面部署，描绘出一幅"三步走"的宏伟愿景图。在擘画蓝图的同时，党中央也采取有力措施推进国家治理现代化，逐渐把制度优势更好地转化为国家治理效能，集中体现为整合条块、化解失衡、供给动力、克服阻力、提高活力和参与全球治理等过程，为实现"两个一百年"奋斗目标、实现中华民族伟大复兴的中国梦提供了有力保证。中国国家治理现代化的成功实践表明，一个国家选择什么样的治理体系，是由这个国家的国情和历史文化传统决定的，这将为其他国家特别是发展中国家选择发展道路提供重要启示。

第九章

☆ ☆ ★ ☆ ☆

开启全面建设社会主义现代化国家新征程

从党的十九大到二十大，是"两个一百年"奋斗目标的历史交汇期。我们既要全面建成小康社会、实现第一个百年奋斗目标，又要乘势而上开启全面建设社会主义现代化国家新征程，向第二个百年奋斗目标进军。综合分析国际国内形势和我国发展条件，在深入研究、反复论证的基础上，党的十九大明确了新时代中国特色社会主义发展的战略部署，把从2020年到本世纪中叶的三十年分两个阶段来安排。展望本世纪中叶，我国作为具有5000多年文明历史的古国，将实现国家治理体系和治理能力现代化，成为综合国力和国际影响力领先的国家，中华民族将以更加昂扬的姿态屹立于世界民族之林，如期实现中华民族伟大复兴的中国梦。

开启全面建设社会主义现代化国家新征程

一、开启全面建设现代化国家新征程

1. 我国迈入全面建设社会主义现代化国家的新发展阶段
2. 党的十九届五中全会提出了到2035年基本实现社会主义现代化的远景目标
3. 党的十九届五中全会提出了"十四五"时期经济社会发展的指导思想和必须遵循的原则、主要目标和保障措施

二、协力推动构建人类命运共同体

1. 成为引领新时代中国特色大国外交的鲜明旗帜
2. 反映了各国人民追求发展进步的共同愿望
3. 具有重大理论价值、重要历史意义和深远世界影响
4. 为人类社会共同发展、持续繁荣、长治久安绘制了蓝图
5. "一带一路"倡议是人类命运共同体理念在实践层面的集中体现
6. 新冠肺炎疫情的全球蔓延凸显了共建人类命运共同体的现实意义
7. 为中华民族伟大复兴和全人类繁荣进步提供坚强有力支撑

三、心系"国之大者"走向共同富裕

1. "国之大者"事关方向方位、事关关键要害、事关行稳致远
2. 共同富裕是社会主义的本质要求,是中国式现代化的重要特征
3. 扎实促进共同富裕是当下人民群众的强烈期盼
4. 扎实促进共同富裕是新阶段坚持以人民为中心的发展思想的重要体现

四、从百年奋斗历程中汲取智慧和力量

1. 对总结自己历史经验的高度重视,是中国共产党一项极为重要的优良传统
2. 中国共产党的百年历史,既是自觉认识和成功应对世界百年风云迅疾复杂变幻的历史,也是智慧带领中国人民在极度复杂和艰难条件下成功推进中华民族伟大复兴的历史
3. 总结好、传承好党的百年奋斗光辉历程和宝贵经验,是开启全面建设社会主义现代化国家新征程、在新时代坚持和发展中国特色社会主义的需要,也是推进党的自我革命、提高全党斗争本领和应对风险挑战能力、永葆党的生机活力的需要
4. "十个坚持"揭示了党和人民事业不断成功的根本保证,揭示了党始终立于不败之地的力量源泉,揭示了党始终掌握历史主动的根本原因,揭示了党永葆先进性和纯洁性、始终走在时代前列的根本途径

一、开启全面建设现代化国家新征程

党的十九大提出决胜全面建成小康社会的号角后,以习近平同志为核心的党中央坚持以经济建设为中心,大力建设经济、政治、文化、社会、生态文明全面发展的小康社会。坚持问题意识和忧患意识,坚决打好防范化解重大风险、精准脱贫、污染防治三大攻坚战,特别是把脱贫攻坚作为全面建成小康社会的底线任务和标志性指标,组织实施了人类历史上规模空前、力度最大、惠及人口最多的脱贫攻坚战,完成了消除绝对贫困的艰巨任务。面对突如其来的新冠肺炎疫情,把人民生命安全和身体健康放在第一位,奋力夺取疫情防控和经济社会发展双胜利。面对错综复杂的国际形势、艰巨繁重的国内改革发展稳定任务,党中央团结带领全国各族人民攻坚克难、决战决胜,下大力气固根基、补短板、强弱项,确保全面建成小康社会目标如期实现，确保建成的小康社会经得起历史和人民检验。

全面建成小康社会的铿锵步伐，体现着"不破楼兰终不还"的英勇气概，激励我们满怀信心地向着第二个百年奋斗目标进发。2020年10月召开的党的十九届五中全会，是在"两个一百年"历史交汇点上召开的重要会议，全会高度评价决胜全面建成小康社会取得的决定性成就。"十三五"时期，全面深化改革取得重大突破，全面依法治国取得重大进展，全面从严治党取得重大成果，国家治理体系和治理能力现代化加快推进，中国共产党领导和我国社会主义制度优势进一步彰显；经济实力、科技实力、综合国力跃上新的大台阶，经济运行总体平稳，经济结构持续优化，2020年国内生产总值突破一百万亿元；脱贫攻坚成果举世瞩目，5575万农村贫困人口实现脱贫；粮食年产量连续五年稳定在13000亿斤以上；污染防治力度加大，生态环境明显改善；对外开放持续扩大，共建"一带一路"成果丰硕；人民生活水平显著提高，高等教育进入普及化阶段，城镇新增就业人口超过6000万，建成世界上规模最大的社会保障体系，基本医疗保险覆盖超过13亿人，基本养老保险覆盖近10亿人，新冠肺炎疫情防控取得重大战略成果；文化事业和文化产业繁荣发展；国防和军队建设水平大幅提升，军队组织形态实现重大变革；国家安全全面加强，社会保持和谐稳定。"十三五"规划目标任务顺利完成，全面建成小康社会如期实现，中华民族伟大复兴向前迈出了新的一大步，社会主义中国以更加雄伟的身姿屹立于世界东方。

制定和实施中长期发展规划是我国的制度优势。从 1953 年制定和实施发展国民经济的第一个五年计划到现在，我国制定和实施五年计划或规划已达 14 个，是世界上中长期发展规划最多、实施效果也最好的国家。中央根据国内外形势和人民生活需要，着眼于长远发展目标，制定经济和社会发展的五年计划或规划，各地区和部门再以此来制定各自的发展计划或规划，中央和地方以这些计划或规划指导经济社会发展。六十多年来的实践经验证明，这一做法能够集中力量办大事，一步步达到国家的长远发展目标。党的十九届五中全会审议通过的《中共中央关于制定国民经济和社会发展第十四个五年规划和二〇三五年远景目标的建议》，是以习近平同志为核心的党中央着眼于中华民族伟大复兴的战略全局和世界百年未有之大变局，对开启全面建设社会主义现代化国家新征程作出的庄严宣告，是开启全面建设社会主义现代化国家新征程、向第二个百年奋斗目标进军的纲领性文件。习近平总书记在关于建议的说明中指出："'十四五'时期是我国全面建成小康社会、实现第一个百年奋斗目标之后，乘势而上开启全面建设社会主义现代化国家新征程、向第二个百年奋斗目标进军的第一个五年。"① 这就昭示我国即将迈入全面建设社会主义现代化国家的新发展阶段，开启第二个百年奋斗目标的新征程。

党的十九届五中全会及其通过的规划建议，是我国社会主义现代化建设承前启后、继往开来的新的历史坐标。全会提出了到2035年基本实现社会主义现代化远景目标，这就是：我国经济实力、科技实力、综合国力将大幅跃升，经济总量和城乡居民人均收入将再迈上新的大台阶，关键核心技术实现重大突破，进入创新型国家前列；基本实现新型工业化、信息化、城镇化、农业现代化，建成现代化经济体系；基本实现国家治理体系和治理能力现代化，人民平等参与、平等发展权利得到充分保障，基本建成法治国家、法治政府、法治社会；建成文化强国、教育强国、人才强国、体育强国、健康中国，国民素质和社会文明程度达到新高度，国家文化软实力显著增强；广泛形成绿色生产生活方式，碳排放达峰后稳中有降，生态

---

① 《中国共产党第十九届中央委员会第五次全体会议文件汇编》，人民出版社2020年版，第72—73页。

环境根本好转，美丽中国建设目标基本实现；形成对外开放新格局，参与国际经济合作和竞争新优势明显增强；人均国内生产总值达到中等发达国家水平，中等收入群体显著扩大，基本公共服务实现均等化，城乡区域发展差距和居民生活水平差距显著缩小；平安中国建设达到更高水平，基本实现国防和军队现代化；人民生活更加美好，人的全面发展、全体人民共同富裕取得更为明显的实质性进展。

全会提出了"十四五"时期经济社会发展的指导思想和必须遵循的原则。强调要坚持以人民为中心，统筹推进经济建设、政治建设、文化建设、社会建设、生态文明建设的总体布局，协调推进全面建设社会主义现代化国家、全面深化改革、全面依法治国、全面从严治党的战略布局，坚定不移贯彻创新、协调、绿色、开放、共享的新发展理念，坚持稳中求进工作总基调，以推动高质量发展为主题，以深化供给侧结构性改革为主线，以改革创新为根本动力，以满足人民日益增长的美好生活需要为根本目的，统筹发展和安全，加快建设现代化经济体系，加快构建以国内大循环为主体、国内国际双循环相互促进的新发展格局，推进国家治理体系和治理能力现代化，实现经济行稳致远、社会安定和谐，为全面建设社会主义现代化国家开好局、起好步。这些指导思想和原则，多数是党的十八大以来已经被实践所充分证明的正确的发展理念和思路，也有针对国内外形势新变化提出的因应之道。

全会提出了"十四五"时期经济社会发展的主要目标和保障措施。主要目标是：经济发展取得新成效，改革开放迈出新步伐，社会文明程度得到新提高，生态文明建设实现新进步，民生福祉达到新水平，国家治理效能得到新提升。规划建议就科技创新、加快发展现代产业体系、形成强大国内市场、全面深化改革、优先发展农业农村、优化国土空间布局、繁荣发展文化事业和文化产业、推动绿色发展、实行高水平对外开放、改善人民生活品质、统筹发展和安全等12个方面，提出了一系列举措。全会还强调要坚持党的全面领导，坚持和完善党领导经济社会发展的体制机制，坚持和完善中国特色社会主义制度，不断提高贯彻新发展理念、构建新发展格局能力和水平，为实现高质量发展提供根本保证。这些目标和保障举措，宣示了以习近平同志为核心的党中央带领全党全国各族人民同心同德、顽强奋斗，夺取全面建设社会主义现代化国家新胜利的坚定决心。

2021年是中国人民昂首阔步、勇往直前，创造历史之变的一年。我们隆重庆祝中国共产党百年华诞。一百年来，党领导人民绘就了人类发展史上波澜壮阔的壮美画卷，中华民族迎来了从站起来、富起来到强起来的伟大飞跃。习近平总书记在庆祝中国共产党成立100周年大会上庄严宣告:"经过全党全国各族人民持续奋斗,我们实现了第一个百年奋斗目标,在中华大地上全面建成了小康社会,历史性地解决了绝对贫困问题,正在意气风发向着全面建成社会主义现代化强国的第二个百年奋斗目标迈进。"[1]全面建成小康社会是中国发展史上一个重要里程碑,坚定了中国共产党、中华人民共和国、中华民族的自信,激发起全体中华儿女的豪情,"实现中华民族伟大复兴进入了不可逆转的历史进程"。党的十九届六中全会全面总结党的百年奋斗重大成就和历史经验,发出奋进新征程、建功新时代的响亮号召。党中央沉着应对百年变局和世纪疫情,推动构建新发展格局迈出新步伐,高质量发展取得新成效,实现了"十四五"良好开局。2021年,我国实现了8.1%的经济增速,全年国内生产总值超过114万亿元,经济发展和疫情防控保持全球领先地位。14亿多中国人民更加自信自强,迸发出建设社会主义现代化国家的磅礴伟力。

---

[1] 习近平:《在庆祝中国共产党成立100周年大会上的讲话》,人民出版社2021年版,第2页。

二、协力推动构建人类命运共同体

面对世界百年未有之大变局,作为具有世界影响力的新型开放大国,中国以何种方式影响世界,世界如何客观看待中国,成为国际国内广泛关注的重大问题。继党的十八大报告正式提出"要倡导人类命运共同体意识"之后,2013年习近平主席首次提出构建人类命运共同体的倡议。此后,在国内外多个场合,习近平主席一次次深入阐释命运共同体概念,从国与国的命运共同体,到区域内命运共同体,再到人类命运共同体,命运共同体的内涵不断丰富延展,世界也不断加深了对中国主张的认识和理解。2017年1月,习近平主席在联合国日内瓦总部出席"共商共筑人类命运共同体"高级别会议,发表题为《共同构建人类命运共同体》的主旨讲演,深刻、全面、系统阐释了人类命运共同体理念,明确提出建设"五个世界"的总体布局。携手构建人类命运共同体的倡议,成为引领新时代中国特色大国外交的鲜明旗帜。这一重要理念不仅被写入党章、宪法,还得到了越来越多国家政要、专家学者、社会民众的拥护和赞同,并被多次写入联合国等重要国际和地区组织的文件,日益成为国际社会的重要共识。

人类命运共同体理念,顺应时代大势,反映了各国人民追求发展进步的共同愿望。经济全球化与新科技革命使各国的产业链、供应链、价值链紧密相连,经济发展相互依赖。人类已经成为你中有我、我中有你的命运共同体,利益高度融合,彼此相互依存。每个国家都有发展的权利,同时都应该在更加广阔的层面考虑自身利益,不能以损害其他国家利益为代价。"中国人始终认为:世界好,中国才能好;中国好,世界才更好。"携手构建人类命运共同体,体现了以习近平同志为核心的党中央对中华优秀传统文化的充分吸收、对当下中国和世界发展问题的深邃思考、对未来中国和世界往哪里去的战略判断,具有重大理论价值、重要历史意义和深远世界影响。这一重要理念,超越国际关系中的零和博弈思维,树立命运与共的新视角、合作共赢的新理念,为人类社会共同发展、持续繁荣、长治久安绘制了蓝图。

提出应对全球性挑战的方案后,中国政府就积极付诸行动,努力塑造中国与世界融合发展的平台。2013年9月,习近平主席在哈萨克斯坦提出共建"丝绸之路经济带",同年10月在印度尼西亚提出共建"21世纪海上丝绸之路"。"一带一路"倡议作为中国提供的广受欢迎的全球公共产品,是推动建设人类命运共同体的重要实践平台,是人类命运共同体理念在实践层面的集中体现,蕴含着和平合作、开放包容、互学互鉴、互利共赢的丝绸之路精神,使数千年来中西方文明交流、互鉴、融合的重要通道再次焕发勃勃生机。"一带一路"的成功实践,将中华民族秉持的"天下观"和大同世界理念付诸构建人类命运共同体的伟大实践之中,将中国的发展同沿线国家和世界其他国家的发展结合起来,把中国梦同沿线国家和世界其他国家人民的梦想结合起来。

新冠肺炎疫情是一场"世界大考",疫情的全球蔓延凸显了共建人类命运共同体的现实意义。新冠肺炎疫情暴发后,中国及时向世卫组织通报疫情,分享病毒基因序列,接待世卫组织专家组来华,率先加入世卫组织"新冠疫苗实施计划",积极支持国际抗疫合作。中国积极响应联合国发起的全球人道主义应对计划,截至2021年9月向150多个国家和国际组织提供物资援助,向200多个国家和地区出口防疫物资,对外共提供了3200多亿只口罩、39亿件防护服、56亿人份检测试剂盒。中国践行将疫苗作为全球公共产品的庄严宣示,截至2021年底已向全球120多个国家和国际组织提供近20亿剂疫苗,同16个国家开展疫苗联合生产,初步形成7亿剂的年产能,在向"新冠疫苗实施计划"捐赠1亿美元用于向发展中国家分配疫苗基础上,再向发展中国家无偿捐助1亿剂疫苗,为构筑全球疫苗防线作出积极贡献,弘扬了国际人道主义精神。

此外,在气候变化、人口老龄化、国际减贫等全球性挑战问题上,中国都在人类命运共同体理念下开展积极行动、全球合作。作为《联合国气候变化框架公约》首批缔约国,中国不仅为达成《京都议定书》《巴黎协定》作出重要贡献,而且宣布力争2030年前实现碳达峰、2060年前实现碳中和,构建"1+N"政策体系,还成功主办《生物多样性公约》第十五次缔约方大会、第二届联合国全球可持续交通大会,开启人类高质量发展新征程,推进全球互联互通合作。

坚持不懈推动构建人类命运共同体,将中国人民同世界各国人民的共同利益紧密融合,推动全球治理体系朝着更加公正合理的方向发展，为中华民族伟大复兴和全人类繁荣进步提供坚强有力支撑。中国共产党领导和推动中华民族伟大复兴事业，天然地与世界和平发展和人类进步事业紧密联系在一起，也是世界百年未有之大变局的重要组成部分。站在新的历史起点，中国将坚持走和平发展之路，始终做世界和平的建设者；坚持走改革开放之路，始终做全球发展的贡献者；坚持走多边主义之路，始终做国际秩序的维护者。

2021年，习近平主席在第七十六届联合国大会发表重要讲话，呼吁国际社会坚定信心，携手应对全球性威胁和挑战，推动构建人类命运共同体，共同建设更加美好的世界。展望未来，中国人民在全面建成社会主义现代化强国、实现中华民族伟大复兴的历史进程中，将更加紧密团结在以习近平同志为核心的党中央周围，不断增强"四个意识"、坚定"四个自信"、做到"两个维护"，胸怀"两个大局"，与国际上一切进步力量携手同行，为世界永续和平发展崇高事业、为推动构建人类命运共同体作出新的更大贡献。

三、心系"国之大者"走向共同富裕

党团结带领人民进行革命、建设、改革，根本目的就是为了让人民过上好日子。2020年上半年，在陕西考察和在看望参加全国政协十三届三次会议的经济界委员时，习近平总书记最早讲到"国之大者"。这一重要指示要求如黄钟大吕令人警醒："大者"关乎全局、关乎长远、关乎根本，而"国之大者"则事关方向方位、事关关键要害、事关行稳致远。习近平总书记郑重告诫："对国之大者要心中有数，关注党中央在关心什么、强调什么，深刻领会什么是党和国家最重要的利益、什么是最需要坚定维护的立场。"[1]此后，习近平总书记多次要求领导干部不断提高政治领悟力，对"国之大者"了然于胸；指出"心系国之大者"，就要对大局、大势和大事看得清、辨得明，要多打大算盘、算大账，少打小算盘、算小账，善于把地区和部门的工作融入党和国家事业大棋局。

治国有常，而利民为本。革命年代有老百姓说：什么是共产党？共产党就是自己有一条被子，也要剪下半条给老百姓的人。党的十八大以来，从强调"人民对美好生活的向往，就是我们的奋斗目标"，到指出"让老百姓过上好日子是我们一切工作的出发点和落脚点"，从要求"政策好不好，要看乡亲们是笑还是哭"，到提出"把为老百姓做了多少好事实事作为检验政绩的重要标准"，从"不惜一切代价"救治新冠肺炎患者，到"一个也不能少"如期打赢脱贫攻坚战，一句句掷地有声的话语，一个个实实在在的行动，诠释着我们党不变的初心

---

[1]《扎实做好"六稳"工作落实"六保"任务，奋力谱写陕西新时代追赶超越新篇章》，《人民日报》2020年4月24日。

使命，彰显着共产党人一切为了人民、一切依靠人民的价值底色。面对人民群众对美好生活的向往，习近平总书记坚持以人民为中心的发展思想，想群众之所想、急群众之所急，始终把人民的安居乐业、安危冷暖放在心上，积极主动解决地区差距、城乡差距、收入差距等问题，推动社会全面进步和人的全面发展，不断增强群众获得感、幸福感、安全感。经过全党全国各族人民持续奋斗，我们如期全面建成了小康社会，历史性地解决了绝对贫困问题，实现了第一个百年奋斗目标。

共同富裕是社会主义的本质要求，消除贫困、改善民生、实现共同富裕，是我们党矢志不渝的奋斗目标。在新中国成立之初，毛泽东同志就提出了我国发展富强的目标，指出"这个富，是共同的富，这个强，是共同的强，大家都有份"。进入改革开放新时期，邓小平同志指出，"我们始终坚持两条根本原则，一是以社会主义公有制经济为主体，一是共同富裕"，"社会主义最大的优越性就是共同富裕"。中国特色社会主义进入新时代，习近平总书记强调，"我们追求的发展是造福人民的发展，我们追求的富裕是全体人民共同富裕"，"我们推动经济社会发展，归根结底是要实现全体人民共同富裕"。由于共同富裕是全体人民的富裕，是人民群众物质生活和精神生活都富裕，不是少数人的富裕，也不是整齐划一的平均主义，所以必然要坚持循序渐进，分阶段促进共同富裕。党的十八大以来，党中央把逐步实现全体人民共同富裕摆在更加重要的位置上，坚持在发展中保障和改善民生，组织开展了声势浩大的脱贫攻坚人民战争。可以说，打赢脱贫攻坚战，全面建成小康社会，在实现共同富裕的道路上迈出了坚实的一大步，为促进共同富裕创造了良好条件。

迈向全面建设社会主义现代化国家新征程，以贫富差距大为主要表现的不平衡不充分问题，成为制约中国高质量发展的突出问题。扎实促进共同富裕是当下人民群众的强烈期盼，也是中国式现代化的重要特征。2021年2月，习近平总书记在全国脱贫攻坚总结表彰大会上提出："在全面建设社会主义现代化国家新征程中，我们必须把促进全体人民共同富裕摆在更加重要的位置，脚踏实地、久久为功，向着这个目标更加积极有为地进行努力，促进人的全面发展和社会全面进步，让广大人民群众获得感、幸福感、安全感更加充实、更有保障、更可持续。"[1] 2021年4月，习近平总书记在广西考察时深情地说，让人民生活幸福是"国之大者"，"要在新起点上接续奋斗，推动全体人民共同富裕取得更为明显的实质性进展"。"十四五"规划和2035年远景目标纲要强调"坚持共同富裕方向"，并提出了"十四五"时期要实现"民生福祉达到新水平"的目标，全体

---

[1] 习近平：《在全国脱贫攻坚总结表彰大会上的讲话》，人民出版社2021年版，第21—22页。

人民共同富裕迈出坚实步伐,进而到2035年实现"人民生活更加美好,人的全面发展、全体人民共同富裕取得更为明显的实质性进展"的目标。2021年8月召开的中央财经委员会第十次会议指出,"适应我国社会主要矛盾的变化,更好满足人民日益增长的美好生活需要,必须把促进全体人民共同富裕作为为人民谋幸福的着力点,不断夯实党长期执政基础"[1]。这就提醒全党,朝着实现全体人民共同富裕的目标稳步迈进,就是新阶段"国之大者"的主要体现。实现共同富裕不仅是经济问题,而且是关系党的执政基础的重大政治问题。

扎实促进共同富裕,是新阶段坚持以人民为中心的发展思想的重要体现。我们党来自人民、植根人民、服务人民,党的根基在人民、血脉在人民、力量在人民。习近平总书记强调:"中国共产党始终代表最广大人民根本利益,与人民休戚与共、生死相依,没有任何自己特殊的利益,从来不代表任何利益集团、任何权势团体、任何特权阶层的利益。"[2]因此,我们党决不允许贫富差距越拉越大,而是注重倾听人民呼声、回应人民期待,保证人民平等参与、

---

[1] 《习近平主持召开中央财经委员会第十次会议》,中国政府网,http://www.gov.cn/xinwen/2021-08/17/content_5631780.htm,2021年8月17日。

[2] 习近平:《在庆祝中国共产党成立100周年大会上的讲话》,人民出版社2021年版,第11—12页。

平等发展权利，维护社会公平正义，不断实现好、维护好、发展好最广大人民根本利益，使发展成果更多更公平惠及全体人民，在经济社会不断发展的基础上，朝着共同富裕方向稳步前进。中央财经委员会第十次会议提出"构建初次分配、再分配、三次分配协调配套的基础性制度安排，加大税收、社保、转移支付等调节力度并提高精准性，扩大中等收入群体比重，增加低收入群体收入，合理调节高收入，取缔非法收入，形成中间大、两头小的橄榄型分配结构"[1]，就是为了正确处理效率和公平的关系，促进全体人民共同富裕取得更为明显的实质性进展。在向第二个百年奋斗目标迈进过程中，我们要始终坚持以人民为中心的发展思想，不断顺应人民群众对美好生活的向往，着力解决发展不平衡不充分问题和人民群众急难愁盼问题，坚持在把"蛋糕"继续做大的基础上，努力通过合理的制度安排把"蛋糕"分好，水涨船高、各得其所，让发展成果更多更公平惠及全体人民，务实奋进、久久为功，确保全体人民美好生活、共同富裕的目标稳步实现。

---

[1]《习近平主持召开中央财经委员会第十次会议》，中国政府网，http://www.gov.cn/xinwen/2021-08/17/content_5631780.htm，2021年8月17日。

四、从百年奋斗历程中汲取智慧和力量

  对总结自己历史经验的高度重视，是中国共产党一项极为重要的优良传统。每到重要历史时刻和重大历史关头，我们党都要回顾历史总结经验，从历史中汲取继续前进的智慧和力量。2021年是中国共产党百年华诞，注定成为党和国家历史上具有里程碑意义的一年。

  一年来，在以习近平同志为核心的党中央坚强领导下，各国各地各部门围绕"学史明理、学史增信、学史崇德、学史力行"和"学党史、悟思想、办实事、开新局"的目标要求，开展一系列主题鲜明、形式多样的活动，各级党组织和广大党员干部普遍受到全面深刻的政治教育、思想淬炼、精神洗礼，理想信念更加坚定、政治品格更加纯粹、奋斗激情更加昂扬。习近平总书记在庆祝中国共产党成立100周年大会上明确指出："一百年来，中国共产党团结带领中国人民进行的一切奋斗、一切牺牲、一切创造，归结起来就是一个主题：实现中华民族伟大复兴。"[1]通过百年艰苦卓绝奋斗，中国共产党带

---

[1] 习近平：《在庆祝中国共产党成立100周年大会上的讲话》，人民出版社2021年版，第3页。

领中国人民探索中国特色社会主义现代化新道路，构建起中华民族伟大复兴的战略全局。中国共产党的百年历史，既是自觉认识和成功应对世界百年风云迅疾复杂变幻的历史，也是智慧带领中国人民在极度复杂和艰难条件下成功推进中华民族伟大复兴的历史。

走过百年光辉历程的中国共产党，创造了人类历史上举世瞩目的伟大成就，并积累了"一系列独创性"的历史经验。把这些光辉历程和宝贵经验总结好、传承好，既是开启全面建设社会主义现代化国家新征程、在新时代坚持和发展中国特色社会主义的需要，也是推进党的自我革命、提高全党斗争本领和应对风险挑战能力、永葆党的生机活力的需要。为此，2021年11月召开的党的十九届六中全会专门研究总结党的百年奋斗的重大成就和历史经验问题，审议通过了《中共中央关于党的百年奋斗重大成就和历史经验的决议》。决议通篇融汇了百年来中国共产党践行为中国人民谋幸福、为中华民族谋复兴的初心使命所进行的奋斗、牺牲和创造，深刻揭示了"过去我们为什么能够成功、未来我们怎样才能继续成功"，是一篇马克思主义的纲领性文献。

在唯物史观、大历史观、正确党史观的指导下，决议用"十个坚持"高度概括了我们党百年奋斗的历史经验，即坚持党的领导、坚持人民至上、坚持理论创新、坚持独立自主、坚持中国道路、坚持胸怀天下、坚持开拓创新、坚持敢于斗争、坚持统一战线、坚持自我革命。这10条经验涉及领导力量、依靠力量、精神旗帜、重大原则、方向道路问题，也讲到了外部关系、前进动力、实现途径、政策策略、政治保证问题，是带有根本性和长远性指导作用的。习近平总书记特别指出："这十条历史经验是系统完整、相互贯通的有机整体，揭示了党和人民事业不断成功的根本保证，揭示了党始终立于不败之地的力量源泉，揭示了党始终掌握历史主动的根本原因，揭示了党永葆先进性和纯洁性、始终走在时代前列的根本途径。"①

  时代是出卷人，我们是答卷人，人民是阅卷人。我们党"进京赶考"的"这场考试还没有结束，还在继续"。作为出卷人的时代，从国内讲就是中华民族进入强起来的时代，从国际看就是当今世界正经历百年未有之大变局；作为答卷人的中国共产党，需要以时不我待、只争朝夕的精神状态推进中华民族伟大复兴；作为阅卷人的中国人民，评判历史伟业的标准就是能否过上"美好生活"。党的十九届六中全会围绕实现第二个百年奋斗目标，强调了新时代中国共产党的历史使命和历史任务。党中央号召全党全军全国各族人民，要更加紧密地团结在以习近平同志为核心的党中央周围，全面贯彻习近平新时代中国特色社会主义思想，

---

① 《中国共产党第十九届中央委员会第六次全体会议文件汇编》，人民出版社2021年版，第122页。

大力弘扬伟大建党精神，勿忘昨天的苦难辉煌，无愧今天的使命担当，不负明天的伟大梦想，以史为鉴、开创未来，埋头苦干、勇毅前行，为实现第二个百年奋斗目标、实现中华民族伟大复兴的中国梦而不懈奋斗。

结语：以中国式现代化全面推进中华民族伟大复兴

实现中华民族伟大复兴，是近代以来中国人民和中华民族最伟大的梦想。为了摆脱任人宰割、饱受欺凌的命运，中华儿女进行了长期不懈的奋斗。在中国共产党的领导下，创造了新民主主义革命、社会主义革命和建设、改革开放和社会主义现代化建设的伟大成就，中华民族相继实现了站起来和富起来的历史性飞跃。党的十八大以来，中国特色社会主义进入新时代，实现中华民族伟大复兴的"中国梦"成为鼓舞党和人民继续奋斗的强大引擎。

十年来，以习近平同志为核心的党中央深刻把握中华民族伟大复兴战略全局和世界百年未有之大变局，统筹推进"五位一体"总体布局、协调推进"四个全面"战略布局，坚持以党的自我革命推动伟大社会革命，有效战胜一系列重大风险挑战，创造了新时代中国特色社会主义的历史性成就，从而为实现中华民族伟大复兴提供了更为坚实的物质基础、更为完善的制度保证、更为主动的精神力量、更为坚强的领导核心。

坚持以人民为中心，推动经济持续健康发展，筑牢国家繁荣富强、人民幸福安康、社会和谐稳定的物质基础。十年来，我们党认识适应引领新常态，坚定不移贯彻落实新发展理念，着力加强供给侧结构性改革，推动经济发展质量变革、效率变革、动力变革，促进经济结构持续优化，确保我国经济实力、科技实力、综合国力和人民生活水平大幅跃升。2020年，我国国内生产总值超过100万亿元，人均国内生产总值超过1万美元，城镇化率达到63%，中等收入群体超过4亿人，建成了世界上规模最大的社会保障体系；2021年，我国实现第一个百年奋斗目标，在中华大地上全面建成小康社会，历史性地解决了绝对贫困问题，人均国内生产总值超过1.2万美元，接近高收入国家门槛。这就为我国进入新发展阶段、朝着第二个百年奋斗目标进军奠定了更为坚实的物质基础。进入新发展阶段，顺应人民群众对美好生活的新期待，顺应赢得国际竞争主动权的必然要求，贯彻创新驱动发展战略，加快构建新发展格局，建设现代化经济体系，将为建设社会主义现代化强国创造更为雄厚的物质基础。

中国特色社会主义制度是党和人民在长期实践探索中形成的制度体系，是实现中华民族伟大复兴的根本保证。十年来，我们党紧紧围绕完善和发展中国特色社会主义制度、推进国家治理体系和治理能力现代化这个总目标,全面深化经济体制、政治体制、文化体制、社会体制、生态文明体制、国防和军队体制、党的建设制度等改革,深入推进党和国家机构改革,一些重要领域和关键环节取得重大突破性进展,许多领域实现历史性变革、系统性重塑、整体性重构,使党的领导、人民当家作主、依法治国三者空前统一,科学社会主义在中国焕发出强大生机活力,"中国之治"的优势得以充分彰显。形成一套以"党的领导制度"为"根本领导制度"的更加完善的制度体系,既使党和国家长治久安有了"四梁八柱"的制度支撑,也为实现中华民族伟大复兴提供了充满生机活力的体制保证。

推进中华民族伟大复兴的历史巨轮,离不开思想灯塔指引方向,离不开精神力量鼓舞风帆。党的十八大闭幕不久,习近平总书记将"中华民族伟大复兴"这个概念形象化地称为"中国梦",从而唤起全国人民团结奋斗、同心圆梦的豪情壮志。党中央举旗定向、守正创新,把马克思主义基本原理同中国具体实际相结合、同中华优秀传统文化相结合,为国家立心、为民族立魂,用中国精神凝聚中国力量。十年来,围绕重大时代课题推进马克思主义中国化,创立了习近平新时代中国特色社会主义思想,实现了党和人民新的思想武装;大力加强马克思主义在意识形态领域的指导地位,广泛弘扬社会主义核心价值观,坚持用中华优秀传统文化培根铸魂,推进社会主义文化强国建设;贯彻以人民为中心的发展思想,大力改善民生和增进人民福祉，调动起中华儿女踔厉奋斗的强大动力；以自我革命勇气刷新党的精气神，成功推动了伟大的社会革命。党领导人民全面建成小康社会，走出中国式现代化道路，更加积极有为地促进全体人民共同富裕，为实现中华民族伟大复兴提供了更为强大的精神力量。

中国共产党的领导不仅是国家命脉所在和人民利益所系，也是中华民族发展前途的命运所系。十年来，以习近平同志为核心的党中央以强烈的忧患意识和责任担当，把全面从严治党纳入战略布局，着力解决党自身存在的突出问题，探索出一条长期执政条件下实现自我监督、勇于自我革命的成功道路；加强和维护党中央权威和集中统一领导，不断完善党的领导制度体系，推动党的领导方式更加科学，使全党思想上更加统一、政治上更加团结、行动上更加一致，党的政治领导力、思想引领力、群众组织力、社会号召力显著增强。在开创新时代的奋斗中，习近平总书记以马克思主义政治家的恢宏气魄、远见卓识、雄韬伟略，充分展现了大党大国领袖的政治智慧、使命担当、为民情怀，赢得了全党全军全国各族人民的衷心爱戴和高度信赖，成为了党中央的核心、全党的核心。有了以习近平同志为核心的党中央的坚强统一领导，就为我们战胜一系列重大风险挑战、实现第二个百年奋斗目标确立了更加坚强的领导核心。

回望新时代十年，以习近平同志为核心的党中央向历史和人民交出了一份优异的答卷，党和国家事业取得了历史性成就、发生了历史性变革，实现中华民族伟大复兴已进入了不可逆转的历史进程。现在，中国开启了全面建设社会主义现代化国家的新征程，我们比历史上任何时期都更接近、更有信心和能力实现中华民族伟大复兴的目标。同时，我们也应该清醒认识到，当今世界百年未有之大变局加速演进，世纪疫情影响深远，国际秩序深刻调整，世界形势剧烈动荡，我们统筹"两个大局"的难度不断加大，国内发展不平衡不充分问题依然突出，实现中华民族伟大复兴绝不是轻轻松松就能实现的，前进道路上仍然存在着可以预料和难以预料的各种风险挑战。

面向中国未来，全党必须深刻领会"两个确立"的决定性意义，团结和凝聚起全国各族人民踔厉奋进的磅礴伟力，继续埋头苦干、勇毅前行。只有更加紧密地团结在以习近平同志为核心的党中央周围，领导14亿中国人以更加坚定的自信、更加坚决的勇气，坚定不移走好中国式现代化道路，协同推进人民富裕、国家强盛、中国美丽，才能保证民族复兴之路越走越宽，确保中华民族伟大复兴的中国梦如期实现。